U0090062

民國文化與文學研究文叢

五　編

李　怡　主編

第 6 冊

中國新文學廣告圖志（下）

彭　林　祥　著

國家圖書館出版品預行編目資料

中國新文學廣告圖志（下）／彭林祥 著 — 初版 — 新北市：
花木蘭文化出版社，2015〔民104〕
目 4+186 面；19×26 公分
（民國文化與文學研究文叢 五編：第6冊）
ISBN 978-986-404-248-7（精裝）
1. 中國文學 2. 廣告
541.26208　　　　　　　　　　　　　　　　　　104012142

特邀編委（以姓氏筆畫為序）：

丁　帆　　　王德威　　　宋如珊
岩佐昌暲　　奚　密　　　張中良
張堂錡　　　張福貴　　　須文蔚
馮　鐵　　　劉秀美

ISBN- 978-986-404-248-7

9 789864 042487

民國文化與文學研究文叢
五 編　第六 冊　　　　　　　ISBN：978-986-404-248-7

中國新文學廣告圖志（下）

作　者　彭林祥
主　編　李 怡
企　劃　四川大學現代中國文化與文學研究中心
　　　　北京師範大學民國歷史文化與文學研究中心
總 編 輯　杜潔祥
副總編輯　楊嘉樂
編　輯　許郁翎
出　版　花木蘭文化出版社
社　長　高小娟
聯絡地址　235 新北市中和區中安街七二號十三樓
　　　　　電話：02-2923-1455／傳眞：02-2923-1452
網　址　http://www.huamulan.tw 信箱 hml 810518@gmail.com
印　刷　普羅文化出版廣告事業
初　版　2015 年 9 月
全書字數　520128 字
定　價　五編 24 冊（精裝）新台幣 45,000 元　　　版權所有・請勿翻印

中國新文學廣告圖志（下）

彭林祥　著

目
次

下　冊
下　編　四十年代

下編　四十年代

桂林文化城裏的《野草》

野　草

文藝界的新軍　新穎的雜文的野草月刊　八月二十日出版

編輯：宋雲彬　夏衍　聶紺弩　孟超　秦似

　　作家在急遽的劇烈的社會鬥爭中，不能夠從實的把思想和感情鎔鑄到創作中去，表現在具體的形象和典型裏。而他的對於社會深刻的觀察，對於社會鬥爭的熱烈的愛憎，給以雜文的形式直接表現出來。所以雜文的優點是更直接更迅速地反應社會的日常事變。更鋒芒的顯露作家的人生觀和世界觀。《野草》就是這種要求之下誕生的。創刊號包含雜文共十四篇，無不議論與趣味兼備，自各界讀者推薦者也。

　　野草（代發刊詞）

　　舊家的火葬……………………夏衍

　　學做父親…………………………雲彬

　　崇高的憂鬱……………………林林

　　「大人」和「小孩」……李石鋒

　　再談兒童的天性…………華嘉

　　「殺人吃」……………………黃野芸

廣告載《廣西日報》1940 年 8 月 25 日

野　草

文藝界的新軍　雜文性的刊物

戰鬥性的趣味議論兼備的定期刊物

編輯人：宋雲彬　夏衍　聶紺弩　孟超　秦似

創刊號目錄（同《廣西日報》廣告，略）

零售：本埠三角，外埠三角一分歡迎長期訂閱

價目：全年十二冊二元三角　半年六冊一元七角

總經售：科學書店桂林市八桂路

　　　　　　　　　　　　　廣告刊《力報》1940 年 8 月 29 日

　　1938 年 10 月，武漢淪陷，大批文化人向大後方撤退，一部分轉赴桂林。此後的一年多時間裏，廣州等地也相繼失守，又一大批文化人撤退至桂林。據統計，在短短的一兩年時間裏，彙集在桂林的文化人有一千多名，其中聞名全國的近二百人。〔註1〕文人的聚集，也帶動了各種報紙、文學雜誌、書店（出版社）的競相問世。桂林也在短時間裏成爲大後方的的文化中心。到了1940 年，此時的國際形勢是德、意、日法西斯氣焰囂張，國內汪精衛投降日本，一些反動文人爲法西斯吶喊。加之隨著抗日戰爭進入相持階段，國共合作出現裂痕，磨擦不斷。高舉愛國主義旗幟，反對法西斯主義，宣傳抗戰、團結，反對投降、倒退、分裂，堅持抗日民族統一戰線，激勵全國人民和敵人鬥爭到底，成爲左翼文化人的首要任務。而作爲「感應的神經，攻守的手足」的雜文在這個風雲激蕩的時刻無疑是這些文化人的重要武器。但是，由於戰爭所引起的時局動蕩，文人的大規模的遷徙，剛形成的戰時文化中心桂林還沒有一個專門發表雜文的陣地。直到 1940 年 8 月，《野草》的出現彌補了這一不足。

　　最先提議辦一個專門刊登雜文的刊物是秦似。1940 年年初，失業在家的秦似創作出了自己的第一篇雜文《作家二例——談佛列達屋地利與塞珍珠》，投往文化界救亡協會的機關報《救亡日報》。此時的《救亡日報》才從廣州遷移到桂林不久，郭沫若任社長，夏衍任總編輯、主編。夏衍頗爲賞識秦似的才華，連續兩次登報尋找秦似。1940 年 4 月，秦似應夏衍之約前往文化城桂林。在夏衍的幫助下，他獲得了一個家庭教師的工作，晚上教小孩，白天看書和寫作。由於秦似主要以雜文寫作爲主，在熟悉文壇情況後，他萌生了要辦一個專門發表雜文的刊物。「當我向他（指夏衍）建議辦一個力求活潑，專

〔註 1〕蔡定國等《桂林抗戰文學史》，第 2 頁，廣西教育出版社 1994 年版。

刊短文的雜文雜誌時，立即得到他的贊同和支持。」〔註2〕於是，在夏衍的支持，又聯繫了宋雲彬、聶紺弩、孟超等人，形成了刊物的主要骨幹（即五位編輯人：宋雲彬夏衍聶紺弩孟超秦似）。在確定刊名時，他們採用了公議的形式，「我們相約各人都想一兩個名字，然後公議采擇。夏衍同志想了兩個，其一是「短笛」，取『短笛無腔信口吹』的意思；其二是「野草」。其它各人想的，則都記不起來了。大家贊成用「野草」。那理由，倒不是為了因襲魯迅，而是覺得在那樣的時局下，這個刊名可能給社會和文壇帶來一點生氣，引人略有所思。」〔註3〕編輯人和刊名一經確定，雜文專刊《野草》就呼之欲出了。

1940 年 8 月 20 日，《野草》首次與讀者見面，32 開本，60 頁，約 5 萬字，發行人：陸鳳祥；總經售：桂林科學書店；特約經售：重慶新生圖書公司。為了擴大影響，引起讀者的注意，分別在《救亡日報》、《廣西日報》、《力報》等報紙上刊出了創刊廣告（見上引）。開宗名義就是以雜文為號召：「雜文的優點是更直接更迅速地反應社會的日常事變。更鋒芒的顯露作家的人生觀和世界觀。《野草》就是這種要求之下誕生的。」在秦似為刊物寫的《野草》（代發刊詞）中旗幟鮮明地提出了刊物的宗旨和方針：「……弄一點筆墨，比起正在用血去淤塞侵略者的槍口，用生命去爭取民族自由的一大群青年人，正如陪·柯根所說是『花邊去比喻槍炮了』。然而『英倫的霧』以至『美國人的狗』一類的東西正大量地在印，這事實又教育了我們，即使同是花邊，也還有硬軟好壞的分別，有的只準備給太太們做裙帶，有的卻可以替戰旗做鑲嵌。」〔註4〕在創刊號的《編後記》中，編者又對刊物專刊雜文的理由加以申明：「先前的時候，雜文是被譏為『不成東西』的，有為的作家都不屑作。後來有人提倡，並且好好地運用使之成為武器，輿論也為之一變了。但奇怪的是，當在目前民族革命鬥爭更形激烈的時候，卻沒有好好地把這武器發揚光大起來。讓他冷落，以至慢慢被銹蝕。『野草』就粗枝大葉地，想在雜文的厄運下打破沉寂的局面，墾闢一片荒蕪的草場，讓更健全的戰士們進軍。」〔註5〕

由於定位準確，《野草》契合了大眾讀者的閱讀需要。創刊號可謂一炮打

〔註2〕秦似《回憶〈野草〉》，《新文學史料》1979 年第 2 期。
〔註3〕秦似《回憶〈野草〉》，《新文學史料》1979 年第 2 期。
〔註4〕秦似《野草（代發刊詞）》，《野草》第 1 卷 1 期，1940 年 8 月 20 日。
〔註5〕秦似《編後記》，《野草》第 1 卷 1 期，1940 年 8 月 20 日。

響。「雖然用了又黃又粗的瀏陽紙印刷，人們還是站在書店裏細細地翻看，不少人看了之後還向親友推薦，我們也收到一批批的來信和來稿。」由於夏衍、秦似等人的努力，為刊物撰寫稿件的作者也逐漸增加，除了主要的五位骨幹編輯人外，主要還有郭沫若、茅盾、夏衍、田漢、邵荃麟、柳亞子、胡愈之、艾蕪、何家槐、周鋼鳴、華嘉、林林、韓北屏等，共計 40 餘人。此外，還有周令釗、黃新波、陳煙橋、葉淺予、溫濤、丁聰、郁風等進步美術家也時常為《野草》畫封面和插圖。由於《野草》深受廣大讀者歡迎，發行量很快從三千份增加到一萬份，最多時達到三萬份。成為桂林文化城最暢銷、發行量最大的刊物之一。但是出至 1943 年 6 月 1 日的第 5 卷 5 期後，《野草》被國民黨廣西省政府以「節省紙張」為由於 1943 年 9 月 20 日勒令停刊。

抗戰勝利後，秦似轉戰香港，夏衍、聶紺弩、宋雲彬、孟超四人也都先後到了香港。在夏衍等人的幫助下，《野草》在停刊三年後，秦似於 1946 年 10 月 1 日在香港推出了《野草》復刊號，但礙於香港的法令，後來只能採取叢刊的形式問世。復刊時，夏衍寫了《復刊私語》，針對國民黨反動當局曾強迫停刊《野草》說道：「可是現在，我們不又從瓦礫堆中透生一棵新芽了麼？有苦痛就有呻吟，有暴虐就有詛咒。我們不相信暴君們的壓制可以使中國人民永遠無聲。」〔註6〕秦似也寫下了《〈野草〉的再生》，其中說道：「既然還得在夜裏行走，就還得當心踢破腳趾頭，只能把那縱情歌唱明天的心，苦痛地包裹起來，去和黑暗搏鬥了。《野草》便是這樣再次萌生了出來，從剝落的舊牆，從萬層的古塔，從不長五穀的衰老的地殼，再次透出一點綠彩來。」〔註7〕至於復刊後《野草》的情況，秦似在晚年曾回憶：「在香港復刊的《野草》，撰稿人又有了擴大，從解放區來的作家林默涵、周而復和在香港的作家黃秋耘、鄒荻帆等都經常寫稿，發行的地區主要是香港和南洋，進入國內則是『非法』的了。在香港出刊的經費，一部分是香港進步工人、職員及南洋愛國華僑募捐而來的，直到後來被香港政府勒令停刊之前，廣大的海外讀者一直熱情支持這個小小刊物的出刊。這是實在令人感奮的。在香港一共印了十二期。歷時也達二年之久。」〔註8〕

〔註6〕夏衍《復刊私語》，《野草》復刊號，1946 年 10 月 1 日。
〔註7〕秦似《〈野草〉的再生》，《野草》復刊號，1946 年 10 月 1 日。
〔註8〕秦似《回憶〈野草〉》，《新文學史料》1979 年第 2 期。據《中國現代文學期刊目錄彙編》「野草」介紹，復刊後的《野草》改為不定期刊，以「上海野草出版社」名義發行，發行人為方溪，編委仍為夏衍、秦似等五人。從第 5 期開

　　儘管《野草》有桂林、香港兩個時期，但是由於作家主要骨幹隊伍沒發生大的變化。主編秦似幾乎全程主編了兩個時期，所以《野草》兩個時期的辦刊風格基本保持一致。前後兩期的《野草》共42本，近200萬字。從內容上看，主要包括以下幾個方面：一是時政雜談，主要以雜文為主，揭露和批判國民黨反動派和種種倒退腐敗現象，態度鮮明地與國際國內鼓吹法西斯主義的各種言行作鬥爭，力圖宣傳抗日，團結廣大知識階級，引導青年認清國內形勢。如聶紺弩的《韓康的藥店》、孟超的《事實到底勝於雄辯》、秦似的《人語與鬼話》、宋雲彬的《替陶潛說話》、高二風的《〈戰國策〉停刊有感》，等等。這一類文章，短小精悍，切中時弊，富有戰鬥性，發表後在社會中產生了較大的反響。二是文藝創作的展示和文藝理論的探討。郭沫若、茅盾、田漢、夏衍、艾蕪、邵荃麟、司馬文森等都有作品或文藝理論文章發表。如茅盾的《大題小解之一》、《最後一次防空演習》、田漢的《序〈愁城記〉》、孟超的《魔術師的把戲——文藝技巧別記》，等等。這些文章的刊載也使《野草》增加了其文藝上的建設性。三是翻譯作品譯介。以蘇聯作家作品的介紹為主，有高爾基的《論能力的浪費》（孟昌譯）、馬雅可夫斯基的《最高的詩》、《芝加哥》（秦似、莊壽慈譯）、羅曼·羅蘭的《憶高爾基》（秦似譯）、愛倫堡的

　　始（第5期有兩種版本：一為雜誌型；一為叢刊型，封面題名為《九儒十丐》。二者內容悉同），《野草》的封面標出了「野草叢刊」的字樣，但「野草文叢」只出版了7期停刊。1949年又以「野草新輯」名稱出版了兩輯，不編期號，不署出版日期，分別題名《論肚子》、《追悼》。

《當巴黎跳舞的時候》（孟昌譯），等等。四是大量木刻、漫話的刊登。如張友慈的《舊牆中穿出來的野草》、新波的《黑影說：「我這裡並無其事」》、力夫的《魯迅先生像》、葉淺予的《新興財主與其鵪鶉的打尖》等。這些漫話、木刻與雜文相配合，無疑對敵人給予了形象概括和本質揭露。此外，還有各種紀念特輯，如《吳檢齋先生殉國週年紀念》、《左拉紀念特輯》等。

　　如果說夏衍是《野草》的旗幟，那麼秦似「成了《野草》這份小刊物的臺柱」〔註9〕。《野草》從提議、創辦、經營以及香港的復刊都與秦似密不可分。儘管編輯人有夏衍、宋雲彬、聶紺弩、孟超、秦似五人。但由於其他四位都有其他工作，秦似可說是《野草》唯一的專職人員。創刊之初，在夏衍等人的大力幫助下，他聯繫作者、校印稿件、跑印刷、發行等，事無鉅細都由他全面負責。經過一年多時間的鍛鍊，《野草》從第3卷第5期就改由秦似主編，復刊後仍由秦似全權負責主編。在主編刊物期間，秦似還主編了《野草叢書》第一、二集。第一集出版了十種，桂林文獻出版社出版；第二集出版了四種，桂林集美書店出版。

　　第一集如下表：

叢書序號	書名	作者	頁碼	桂林文獻出版社初版再版時間
1	此時此地集	夏衍	64	1941 年 5 月初版，1941 年 6 月再版
2	歷史的奧秘	聶紺弩	119	1941 年 6 月初版，1942 年 1 月再版
3	感覺的音響	秦似	104	1941 年 7 月初版，1942 年 3 月再版
4	崇高的憂鬱	林林	82	1941 年 7 月初版，1942 年 1 月再版
5	蛇與塔	聶紺弩	93	1941 年 8 月初版，1942 年 5 月再版
6	過客	司馬文森	166	1941 年 9 月初版
7	冒煙集	何家槐	187	1941 年 9 月初版
8	長夜集	孟超	147	1941 年 10 月初版
9	長年短輯	歐陽凡海	126	1942 年 5 月初版
10	骨鯁集	宋雲彬	161	1942 年 9 月初版

　　第二集如下表：

叢書序號	書名	作者	頁碼	初版時間
1	長途	夏衍	154	1942 年 12 月初版

〔註9〕夏衍《風雨故人情》，第 201 頁，漢語大詞典出版社 1996 年版。

2	旅程記	以群	116	1942 年 12 月初版
3	未偃集	孟超	194	1943 年 2 月初版
4	小雨點	羅蓀	172	1943 年 7 月初版
5	點蠟集	黃芝崗		刊有廣告，但未見出版。

　　儘管收入《野草叢書》的作品大都在《野草》上發表過，但是對每一本的收集、整理、校對等都花了許多心血。香港時期的《野草》，秦似的工作更為繁重，幾乎是他一人唱獨角戲，每期變換筆名撰寫數篇文章。據統計，港版《野草》1 至 10 號發表的文章總計近 50 篇，僅新 1 號發表了雜文 6 篇，粵語詩一首。〔註 10〕除了參與《野草》和《野草叢書》的編務外，秦似在這一時期也迎來了文學創作的高峰，出版的雜文有三部，分別是《感覺的音響》、《時戀集》（桂林春草書店 1942 年版）和《在崗位上》（香港求實出版社出版 1948 年版）。還與莊壽慈、孟昌共同籌辦《文學譯報》，有譯作《人鼠之間》、《饑民們的橡樹》《少女與死神》等問世。總之，四十年代的秦似創作碩果累累。

　　由於戰爭的原因，四十年代的文壇被分割成大後方、淪陷區、解放區三部分。《野草》是在抗戰相持階段大後方文壇萎靡不振的情況下創辦的同人性質的刊物，作為大後方的唯一以雜文為主的刊物，在四十年代的文壇獨樹一幟。因其《野草》、《野草叢書》以及「野草月刊社」的出現，新文學史上的「野草派」也正式形成。秦似在《代發刊詞》中對《野草》曾有設想：「它只希望給受傷的戰鬥者以一個歇息處所，讓他們退到野草裏，拭乾傷口的血痕，再躺一會。如果因疲勞而至於飢餓，則掘幾把草菇，也聊勝於無。雖然沒有維他命，更不能同時做榮，倒是可以恢復一些元氣，再作戰鬥的。」〔註 11〕歷史已經證明，《野草》的出現使魯迅開創的批判性的雜文傳統不但在四十年代得到了延續，而且作家隊伍大為壯大（共計 50 餘人）、社會反響也大大擴展（在香港和南洋各地也產生了廣泛影響）。它的出現團結了進步文化界的力量，他們用筆揭露了國統區的種種倒退腐敗，宣傳了團結抗日的道理，支持了國際反法西斯的鬥爭。香港時期的《野草》則抨擊了國民黨當局的獨裁統治，傳達了人民群眾的民主要求和呼聲。

〔註 10〕王小莘、吳智棠《疾風勁草——秦似傳》，第 117 頁，廣西師範大學出版社 2010 年版。
〔註 11〕秦似《野草（代發刊詞）》，《野草》第 1 卷 1 期，1940 年 8 月 20 日。

《京華煙雲》的寫作與翻譯

京華煙雲　林語堂著　鄭陀　應元傑譯　春秋社出版部刊行

全書七十萬言分訂三厚冊完全出版

　　作者以最近半世紀來苦難的中國爲背景，將姚姓代表初期民族資本家，曾府代表進步的政治家，牛姓代表封建官僚，活描出這三門後代所表現了的大時代中形形色色青年的典型，附以兒女私情，起伏曲折，實是一部可歌可泣，具有歷史價值的大著。

　　如果說《紅樓夢》是寫盡了中國封建社會的一切，則本書不僅寫著封建勢力的崩潰，還描述著腐敗的舊軍閥與政治的沒落，新思想與新力量的萌芽與發展，一直寫到「八‧一三」戰事。

　　林先生的筆也就停留在這偉大的支點上。敘述的細膩精詳，文筆的優美流暢，人所周知，譯者在這點上也盡了最大的責任。

　　上冊卷之一道家的女兒

　　中冊卷之二庭園的悲劇，

　　下冊卷之三秋之歌

　　定價上冊二元中冊一元五角下冊二元　　　光明書局總經售

廣告載《良友圖畫雜誌》162 期，1941 年 1 月

　　《Moment in Peking》（《京華煙雲》或《瞬息京華》）是林語堂旅居巴黎期間用英文寫成的長篇小說，作家從 1938 年 3 月開始構思，8 月 8 日開始動筆，1939 年 8 月 8 日脫稿，歷時一年。同年底，該書由美國紐約約翰‧黛（John Day Book Company）公司出版，迅即被美國的「每月讀書會」選中，成爲 12 月特

別推銷的書。出版三個月後，該書售出二十五萬部。《時代周刊》發表書評說：
「《京華煙雲》很可能是現代中國小說經典之作。」它的成功，奠定了林語堂
作為小說家在新文學史上的地位。

　　小說分三卷：（一）道家的女兒，（二）園中的悲劇，（三）秋日之歌。以
書中人物的悲歡離合為經，以時代變遷為緯，小說的地理背景以京津為主，
蘇杭為次，故事以八國侵華時的逃難開始，又以抗日戰爭中逃難作結。通過
姚（代表初期民族資本家）、曾（代表進步的政治家）、牛（代表封建官僚）
三大家族的興衰浮沉，以傳神的水墨畫式的素描筆法，描寫了從庚子年間義
和團事件起至「七・七」抗戰為止的40年間中國社會生活畫面。其中，有佳
話，有哲學，有歷史演義，有風俗變遷，有深談，有閒話。並在其中安插了
袁世凱篡國、張勳復辟、直奉大戰、軍閥割據、「五四」運動、「三・一八」
慘案、「語絲派」與「現代評論派」筆戰、青年「左傾」、二戰爆發等重大歷
史事件，涉及到眾多歷史人物，有林琴南、辜鴻銘、宋慶嶺、傅增湘、齊白
石、王克敏以及文學革命先驅人物等。小說寫出了封建勢力的逐步崩潰，描
述了腐敗的舊軍閥與政治的沒落，也涉及到了新思想與新力量的萌芽與發
展，全景式展現了現代中國社會風雲變幻的歷史風貌。

　　小說每卷卷首都引用莊子的話開頭。《道家的女兒》卷首就引《莊子・大
宗師》：「大道，在太極之上而不為高，在太極之下而不為深，先天地而不為久，
長於上古而不為老。」《園中的悲劇》卷首引《莊子・齊物論》：「夢飲酒者，
旦而哭泣；夢哭泣者，旦而田獵。是其言也，其名為弔詭；萬世之後，而遇大
聖知其解者，是旦暮遇之也。」在《秋之歌》卷首又引《莊子・知北遊》：「故
萬物一也，是其所美者為臭腐，臭腐化為神奇，神奇變化為臭腐。」這樣的結
構安排表明，作者力圖「以道家精神貫穿之，故以莊周哲學為籠絡」。〔註1〕

　　小說的人物約100餘位，作者以三大家族中的青年男女為主要描寫對象，
又以姚木蘭、姚莫愁、孔立夫、姚思安四人為貫穿小說的主人公。以青年男
女的愛情、婚姻為故事發展線索，情節起伏曲折。全書人物，深受《紅樓夢》
影響，但又有所獨創，林語堂在給郁達夫的信裏曾說，「大約以紅樓人物擬之，
木蘭似湘雲（而加入陳芸〔註2〕之雅素），莫愁似寶釵，紅玉似黛玉，桂姐似

〔註1〕林語堂《給郁達夫的信》，1939年9月4日作《林語堂名著全集》第18卷，
　　　　第297頁，東北師範大學出版社1994年版。
〔註2〕此為沈復《浮生六記》之女主人公。

鳳姐而無鳳姐之貪辣，迪人似薛蟠，珊瑚似李紈，寶芬似寶琴，雪蕊似鴛鴦，紫薇似紫鵑，暗香似香菱，喜兒似傻大姐，李姨媽似趙姨娘，阿非則遠勝寶玉。孫曼娘爲特出人物，不可比擬。至曾文伯（儒），姚思安（道），錢太太（耶）及新派人物孔立夫（科學家），陳三（革命），黛雲（女革命），素雲（「白面女王」），鶯鶯（天津紅妓女），巴固（留英新詩人）則遠出紅樓人物範圍，無從譬方。以私意觀之，木蘭、莫愁、曼娘、立夫、姚思安、陳媽，華大嫂爲第一流人物。孫亞，紅玉，阿非，暗香，寶芬，桂姐，珊瑚，曾夫人，錦羅，雪蕊，紫薇，銀屏次之。他若素雲之勢力，環玉之貪污，雅琴之懦弱，鶯鶯之無恥，馬祖婆（牛太太）之專橫，姚太太（木蘭母）之頑固，不足論矣。」〔註3〕

作者心目中的理想人物是姚木蘭。他以古代代父從軍的女英雄花木蘭的名字來命名小說中的人物。作者把她置於天翻地覆的時代大動蕩的歷史背景

〔註 3〕見林語堂《給郁達夫的信》，1939 年 9 月 4 日作《林語堂名著全集》第 18 卷，第 296-297 頁，東北師範大學出版社 1994 年版。

中，寫出木蘭個人遭際與時代潮流休戚相關的聯繫。木蘭出生於富商家庭，但不迷戀紙醉金迷的物質生活享受，卻嚮往幽雅山居的村婦生活，把自己看成是刻苦忍耐的民眾海洋中的一滴水。在她身上，凝聚了東方、西方的女性美，形體美和心靈美的高度統一併昇華到理想的境界，西方文化中的愛情至上與傳統文化的家庭至上這兩種情愛觀得到了統一，同時，還把作者特殊的女性觀加之其上，木蘭被塑造成為納妾的支持者，甚至主動勸丈夫納妾。在木蘭性格發展的過程中，開始，她的政治意識非常淡薄，即使在「三一八」慘案中，她也只是從母愛的角度傾瀉了失女之痛。愛和恨，還停留在人道主義的層次上，而到小說結尾時，木蘭的愛和恨已經包容了民族主義和愛國主義的激情。

　　林語堂創作《京華煙雲》是為「紀念全國在前線為國犧牲的勇男兒」而作。在小說正文之前有獻詞：

謹　以

1938 年 8 月至 1939 年 8 月期間寫成的本書

獻　給

英勇的中國士兵

他們犧牲了自己的生命

我們的子孫後代才能成為自由的男女

　　為了能盡快讓中國國內讀者能讀到它的中譯本，發揮文學作品的藝術感染力，在小說脫稿後，他親自寫信給好友郁達夫，希望他把此書譯成中文。為此，他還給郁達夫附了一張 5000 美元的支票。但郁達夫因婚變和編務繁忙遲遲未能譯完，〔註4〕只在新加坡的《華僑周報》上發表了約二萬字，這部未完的譯稿下落不明，成為一個無可挽回的損失。

　　迄今為止，這本小說的漢譯本主要有三種：一是鄭陀應元傑譯的譯本，書名為《京華煙雲》，是最早的漢譯全本。如上面的廣告所示，該譯本於 1940 年 6 月～1941 年 1 月上海春秋出版社出版。對譯者文筆，作者頗不滿意，認為「譯文平平，惜未諳北平口語，又兼時行惡習（看隔院之花，謂『看看它們』）。書中人物說那南腔北調的現代話，總不免失真。」〔註5〕為此作者專門

〔註4〕據徐悲鴻 1941 年 11 月 7 日給林語堂的信可知，郁達夫已「譯完大約三十萬字」，接近全書一半篇幅。

〔註5〕林語堂《無所不談合集》，第 784 頁，臺北開明書店 1974 年版。

寫了《談鄭譯〈瞬息京華〉》列舉了多處錯誤。二是張振玉的譯本，書名仍為《京華煙雲》，由臺灣遠景出版社於 1977 年 3 月初版。譯者「係居北平由童年至成長，對當地之民情風俗，古迹名勝，季節氣候，草木蟲魚，語言歌謠等，餐飲零食，皆所熟悉」，張譯本的問世，使「流落英語世界之我國文學瑰寶庶乎得以純正漢文面目，回歸中土」。〔註 6〕遺憾的是，作家身前未能看到此譯本的問世。這是目前流傳最廣的譯本，臺灣版《林語堂全集》和大陸版《林語堂名著全集》、《林語堂文集》也是收錄此譯本。三是郁達夫之子郁飛的譯本，書名恢復為林語堂自己定下的《瞬息京華》，1991 年 12 月由湖南文藝出版社初版，譯者翻譯時參考了鄭、應的譯本和張譯本，刪去了一些無關緊要的注釋，變動了書中某些敘述文字，力圖忠實表達作者的原意，這也是譯者替父還債的譯本。

〔註 6〕張振玉《〈京華煙雲〉譯者序》，林語堂《京華煙雲》，上海書店出版社 1989年版。

歷史劇的典範之作《屈原》

屈原　五幕史劇　郭沫若著　文林出版社出版 1942 年 3 月初版

　　《屈原》是郭沫若先生繼《棠棣之花》後的第一步精心創作，作者對於屈原的思想、人格、乃至悲劇的身世，有極深湛的研究，這本五幕史劇，正是將屈原的思想、人格給予了偉大的形象化。

　　這雖然是一幕歷時的悲劇，但是這裡面有現實的人的聲音，有崇高的人格，正義凜然的氣節。使你愛憎是非之感格外分明。

　　這是一首美的詩篇，她唱出你要唱的詩，她說出你要說的話！美譽醜惡在這詩篇中的鬥爭，強烈的使你的靈魂作了最忠實的裁判。

廣告載 1942 年 4 月 3 日《新華日報》第 1 版

屈原　郭沫若著　歷史悲劇　重慶群益出版社出版

　　如果說《屈原》是先生的歷史劇代表作，那是一點也不誇張的話，我們至今仍然忘記不了那次震撼山城裏每一個觀眾心靈的演出，正如我們每一次讀到這劇本時所不能免除的激動。「一本有價值的書，看來總是永遠年青的」，我們珍惜這本書，也願意再一次貢獻給讀者。

價：二百五十元

廣告載 1945 年 1 月 21 日《新華日報》第 1 版

　　四十年代初，國民黨掀起反共高潮。陪都重慶戲劇界文網密佈，上演以現實生活為題材的話劇難以通過審查，戲劇表演者轉而演出歷史劇。《棠棣之花》演出的成功，大大鼓舞了話劇表演者，也使郭沫若敏銳地看到了歷史

劇「借著古人來說自己的話」的可能。《棠棣之花》第二次上演的時候，在演員江村等朋友的慫恿下，郭沫若便起了寫《屈原》的念頭。1942 年元旦剛過，郭沫若開始動筆，應該說此時的郭沫若狀態極好，「數日來頭腦特別清明，亦無別中意外之障礙。提筆寫去，即不覺妙思泉湧，奔赴筆下。此種現象為歷來所未有。」〔註 1〕2 日開始動筆，11 日夜半完畢，只用時間十天，足見寫作之順利。原計劃是寫成上下兩部，上部寫楚懷王時代，下部寫楚襄王時代，每部寫它個五六幕，而側重在下部的結束。但是進入寫作之後，整個寫作過程完全突破了原先的構思，以致他自己都承認寫出的《屈原》完全是意想外的收穫。「各幕及各項情節差不多完全是在寫作中逐漸湧出來的。不僅在寫第一幕時還沒有第二幕，就是第一幕如何結束，都沒有完整的預念。實在也奇怪，自己的腦識就像水池開了閘一樣，只是不斷地湧出，湧到了平靜為止。」〔註 2〕劇作完成之後，許多報刊的編輯來索稿。為了便於演出，便於鬥爭，郭沫若特意將劇本交給了《中央日報》的副刊編輯孫伏園，《屈原》連載於 1942 年 1 月 24 日至 2 月 7 日《中央日報》副刊。此事讓國民黨宣傳部副部長潘公展大為惱怒，立即下令撤消了孫伏園的編輯職務。但是木已成舟，通過《中央日報》，國統區的廣大讀者及時地閱讀到了這部「有《漢姆雷特》和《奧賽羅》型的史劇」。

1946 年 7 月群益版

〔註 1〕郭沫若《寫完〈屈原〉之後》，《屈原》，重慶文林出版社 1942 年 3 月初版。
〔註 2〕郭沫若《寫完〈屈原〉之後》，《屈原》，重慶文林出版社 1942 年 3 月初版。

　　《屈原》以戰國七雄為背景，描寫楚國三閭大夫屈原因主張對內革新政治，對外聯齊抗秦，曾得楚懷王信任。但南后卻勾結秦國密使張儀，以「淫亂宮廷」之名加害屈原。懷王竟聽信讒言，將屈原囚禁，並廢棄齊楚盟約，依附強秦。屈原滿懷憂憤。此時，學生宋玉已賣身投降南后，忠誠追隨詩人的侍女嬋娟又將被南后處死。宮廷衛士救出嬋娟，並一起去營救屈原，不料嬋娟誤飲欲害屈原的毒酒身死。衛士殺死謀害屈原的幫兇，焚燒高堂，並在屈原作《桔頌》以悼嬋娟後，跟隨詩人走向漢北，走向民間。劇本是寫屈原從清早到夜半過後一天中的遭遇，以這一天來表現屈原的政治挫折和個人遭際。作為歷史學家的郭沫利用自己對屈原身世、遭際以及思想的深入瞭解，以他的神來之筆，在從清晨到午夜這段非常有限的舞臺時空裏，「將屈原的思想、人格給予了偉大的形象化」。該劇全劇的情節發展過程是：第一幕：「橘

頌」；第二幕：「受誣」；第三幕：「招魂」；第四幕：「被囚」；第五幕：「雷電頌」。《雷電頌》是第五幕的第二場，是全劇的高潮部分。全劇洋溢著熾熱的愛國激情，憤怒譴責了迫害忠臣、出賣國家的奸賊。劇作借屈原的遭際表達了對國民黨當局「消極抗日，積極反共」憤怒與不滿，喚起民眾團結禦敵的決心和信心。所謂「有現實的人的聲音，有崇高的人格，正義凜然的氣節。」

劇本在《中央日報》發表不久，郭沫若將它交給中華劇藝社排練。三月初，劇社正式開排《屈原》，陳鯉庭任導演，金山飾屈原，白楊飾南后，張瑞芳飾嬋娟，舞臺監督辛漢文。排練期間，郭沫若還親臨現場觀看，反覆向導演及演員介紹自己的創作構思，講解劇情，分析典型人物，示範朗誦臺詞。4月3日，《屈原》在重慶國泰影劇院以紀念第二屆「詩人節」的名義公演。在前一天的《新華日報》第一版以醒目的字體等出了大幅廣告：

《屈原》明日在國泰公演

中華劇藝社空前貢獻　沫若先生空前傑作

重慶話劇界空前演出　全國第一的空前陣容　音樂與戲劇空前實驗

連用五個「空前」弔足了觀眾的胃口。公演當天，《新華日報》和《時事新報》又闢出專刊祝賀。4月4日，重慶各報都作了報導，公認「此劇集劇壇之晶瑩」，「上座之佳，空前未有」，「堪稱絕唱」。有的觀眾甚至半夜前來排隊購票，有的甚至從成都、貴陽趕來觀看演出。在重慶首次公演十七天，場場客滿，賣座近三十萬，整個山城都在熱烈討論《屈原》，許多觀眾都沉浸在《屈原》的情緒氛圍裏，一遍又一遍地朗誦《雷電頌》。4月21日，中華劇藝社應北碚民眾邀請，奔赴北碚獻藝，又引得北碚民眾及文化人的好評。

《屈原》的寫作和演出，是在「皖南事變」之後國共之間仍然劍拔弩張的時刻。由於劇本中的「降秦派」和「抗秦派」，在國共之間有明確的現實諷喻，圍繞著這一劇本國共雙方展開了一場政治鬥爭。儘管國民黨當局未能阻止《屈原》發表，但對於劇本的排練和演出他們則多方設法加以阻撓。不允許報紙刊登為《屈原》叫好的文章，公演期間有計劃地放映一些影片唱對臺，並在《中央日報》、《中央周刊》、《文藝先鋒》、《出版界》等等報刊上大肆攻擊《屈原》，說它「不符合歷時真實」、「太拘泥」、「對於歷史是歪曲，對於藝術欠真實」等等。此外還極力吹捧此前上演的劇本《野玫瑰》，並由中央宣傳部、教育部給予獎勵。在周恩來的領導下，利用掌握的《新華日報》等媒體，聯絡一些進步文藝界人士，有針對性地與反動當局展開了有理、有力、有節

的鬥爭。4月13日，《新華日報》開闢了《〈屈原〉唱和》專欄，轉載黃炎培、郭沫若的唱和詩，同時又發表了董必武的和詩兩首（這一欄目一直持續到5月7日）。針對中央圖書雜誌審查委員會主任潘公展對《屈原》別有用心的質問，金燦然在《解放日報》上發表《「屈原」為什麼「成了問題」》，點名駁斥潘公展。1942年10月25日，陳銓在《大公報·戰線》上發表《悲劇英雄和悲劇精神》，指責劇作家塗毒古代英雄。對於這種無根據的信口開河，柳濤發表了《〈屈原之死〉與〈屈原〉》進行了反擊。這樣，不但當局的陰謀未能得逞，反而使《屈原》在國統區的影響愈來愈大。所以，周恩來在祝賀《屈原》演出成功的晚宴上高度評價了郭沫若及其創作：「在連續不斷的反共高潮中，我們鑽了國民黨一個空子，在戲劇舞臺上打開了一個缺口。在這場戰鬥中，郭沫若同志立了大功。」〔註3〕

　　從《棠棣之花》到《屈原》，以及後來的《高漸離》、《南冠草》等歷史劇創作實踐中，郭沫若逐漸明確了自己的歷史劇創作主張。在他看來，寫歷史劇，劇作家的任務是「在把握歷史的精神而不必為歷史的事實所束縛。劇作家有他創作上的自由，他可以推翻歷史的線索，對於即成的事實加以新的解釋，新的闡發，而具體地把真實的古代精神翻譯到現代」。〔註4〕「史學家是發掘歷史的精神，史劇家是發展歷史的精神」，〔註5〕所以他認為歷史研究要「實事求是」，而史劇創作則要「失事求似」。所謂「求似」就是歷史精神的盡可能真實準確地把握與表現；而為了「求似」，「和史事是盡可以出入的」。〔註6〕正如王瑤所說：「歷史當然不會是循環的，但在某些相同的社會條件下，歷史也可以和現實酷似到驚人的程度。特別是在歷史中互相對立著的兩個鬥爭集團的輪廓，兩種代表者的性格，那真是可以作為現實鬥爭的殷鑒的。」〔註7〕

　　郭沫若抗戰期間的歷史劇，主要以戰國時代為背景，以戰國時代中的人物和事件為敘述對象，「力求真實反映歷史悲劇的精神，並在這歷史悲劇精神的表現裏，注入劇作家在他所生活的現實（抗日戰爭大後方）所感受到的時

〔註3〕夏衍《知公此去無遺恨》，《悼念郭老》，北京：生活·讀書·新知三聯書店1979年版。

〔註4〕郭沫若《我怎樣寫〈棠棣之花〉》，《棠棣之花》，重慶作家書屋1942年版。

〔註5〕郭沫若《歷史·史劇·現實》，《戲劇月報》（歷史劇特輯），第1卷4期，1943年4月。

〔註6〕郭沫若《歷史·史劇·現實》，《戲劇月報》（歷史劇特輯）第1卷4期，1943年4月。

〔註7〕王瑤《中國新文學史稿》，第514頁，上海文藝出版社1982年版。

代悲劇精神與時代所提出的反抗國民黨法西斯專政的民主要求。」〔註8〕由於《屈原》發表以及公演所產生的重大社會反響，它給四十年代初的戲劇創作指出了方向，就是借用歷史題材，借古諷今，借古喻今。接連產生了陽翰笙的《天國春秋》、歐陽予倩的《忠王李秀成》、阿英的《碧血花》、于伶的《楊娥傳》等一大批優秀的歷史劇，構成了中國現代戲劇史上歷史劇創作的高峰。

為了便於各地劇團上演以及廣大讀者閱讀《屈原》，1942年3月重慶文林出版社出版了《屈原》初版本（上所錄廣告就是出版社為宣傳《屈原》所登），附收《寫完〈屈原〉之後》一文。此後，隨著時間的推移，《屈原》不斷再版，作者親自校訂過兩次，修改過三次，構成一個較為複雜的版本譜系。具體如下：（1）群益本。1945年1月，重慶群益出版社初版《屈原》，此後還出版過上海群益本（1946年7月）。（2）1948年，作者在香港九對劇進行了修改，1949年11月由上海群益出版社出版，書後有《校後記》，是為群益修改本。（3）新文藝本。1951年8月，上海新文藝出版社出版了新一版，同上海群益修改本。（4）開明選集本。1951年7月北京開明書店出版《郭沫若選集》，該選集收《屈原》初版本，但有部分修改。（5）人文單行本。1952年9月，人民文學出版社出版單行本《屈原》，1953年在出第二版時作者又全面修改了劇本，還增加了《新版後記》。（6）1957年3月出《沫若文集》第三卷時，作者以人民文學出版社的《屈原》單行本第二版為底本，又再次校訂，是為文集本。（7）1986年10月人民文學出版社出版《郭沫若全集》第六卷，收入《屈原》，據文集本編入，加詳注，可謂全集本。

〔註8〕錢理群、溫儒敏、吳福輝《中國現代文學三十年》（修訂本），第111頁，北京大學出版社1998年版。

寫於桂林的《霜葉紅似二月花》

霜葉紅似二月花　茅盾著　桂林華華書店 1943 年 5 月初版

　　這是茅盾先生的近著。內容取材於五四時代江浙一帶某一富饒水鄉的民間生活，以鎮上土豪劣紳的爭權奪利為中心，烘托出一般勤勞農民的疾苦來。書中幾十個人物的性格，隨著寫景所傳達的氣氛全部發展得十分深刻動人。在錯綜而精嚴的結構中間，隨時流露著冷雋的風趣。作者的妙筆，使深秋的霜葉也像二月花那樣值得驚歎，足見他的小說技巧上爐火純青的功夫。這部小說正同《子夜》一樣，無疑地是我國新文學的瑰寶。

廣告載 1945 年 6 月 10 日《新華日報》第 1 版

　　1942 年 3 月 9 日，茅盾夫婦與葉以群、廖沫沙、胡仲持等人，在黨的精心安排下，通過日寇的封鎖線和敵佔區、游擊區，從香港脫險來到桂林。由於外地人大量湧進，造成桂林住房緊張，夫婦倆在旅館住了半個月之後，才住進了邵荃麟和葛琴夫婦讓出的一間小屋。為了「解決填飽肚子的問題」，他開始打算寫點東西。在完成長篇報告文學《劫後拾遺》之後，茅盾開始了早在抗戰前就開始打算寫一部從辛亥革命到五四運動前後的長篇小說。預定分三部，第一部寫「五四」前後，第二部寫北伐戰爭，第三部寫大革命失敗以後。第一部 8 月開始動筆，10 月下旬寫完，一共 14 章，只用了兩個半月。小說的第一章到第九章，分別發表在《文藝陣地》第 7 卷 1～4 期上。第十章到第十四章則以《秋潦》為題，發表在 1943 年 1 月至五月的重慶《時事新報》副刊《青光》第 1～29 期上。小說第一部完稿時，正值桂林深秋，一天，茅盾在桂林近郊見到紅葉，便聯想到杜牧的《山林》：

> 遠上寒山石徑斜，白雲深處有人家；
>
> 停車坐愛楓林晚，霜葉紅於二月花。

於是，他便以此詩最後一句「霜葉紅於二月花」作爲他這部剛完稿的長篇小說的書名。但作者後又把這一句中的「於」改爲「似」，他曾交代過這樣改的理由：

> 本來打算寫從「五四」到一九二七年這一時期的政治，社會和思想的大變動，想在總的方面指出這時期革命雖遭挫折，反革命暫時佔了上風，但革命必然取得最後勝利；書中一些主要人物，如出身地主階級和小資產階級的青年知識分子，最初（在一九二七年國民黨叛變以前）都是很「左」的，宛然像是眞的革命黨人，可是考驗結果，他們或者消極了，或者投向反動陣營了。如果拿霜葉作比，這是假左派，雖然比眞的紅花還要紅些，究竟是冒充的，「似」而已，非眞也。再如果拿一九二七年以後反革命勢力暫時佔了上風的情況來看，他們（反革命）得勢的時期不會太長，正如霜葉，不久還是要凋落。
>
> 這就是我所以借用杜牧這句詩，卻又改了一個字的理由了。
>
> 〔註1〕

桂林華華書店經理孫懷琮知道茅盾在寫作《霜葉紅似二月花》，他立即向茅盾約稿，希望完稿後交華華書店出版。鑒於他的眞誠，也爲了支持這家小出版社，茅盾同意了。1943 年 5 月，《霜葉紅似二月花》初版本三千冊問世。1944 年 5 月，書店又印了第二版。1945 年 8 月，福建永安東方出版社還曾盜印《霜葉紅似二月花》，初版印行 2000 冊。抗戰勝利後，華華書店遷往上海，《霜葉紅似二月花》又不斷再版，到 1949 年 4 月上海解放前夕，短短三年時間，該書已印至滬七版。〔註2〕

小說以「五四」前夕江南一村鎮爲背景，描寫的是辛亥革命後到「五四」運動前夕的社會生活。地主豪紳趙守義長期把持「積善堂」的存款，中飽私囊，

〔註 1〕茅盾《新版後記》，《霜葉紅於二月花》，人民文學出版社 1961 年版。
〔註 2〕魏華齡《〈霜葉似二月花〉在桂林出版前後》，《出版廣角》1996 年 5 期。

爲所欲爲。惠利輪船公司經理王伯申對此十分不滿，他以創辦「貧民習藝所」、招收無業游民、發展地方工業爲由，要求動用「積善堂」存款。要動用積善堂的收入，就等於是要掏趙守義的腰包，自然爲趙所嫉恨。由於王伯申的輪船在狹窄的河道上行駛，一遇河水暴漲，就要衝毀沿河的農田，趙守義便先發制人，他勾結鄉下地主，挑動農民砸船，雙方引起衝突，造成命案。最後的結果，雙方在互相得利的情況下和解。這中間，開明鄉紳錢良材和朱行健，想利用趙王之間的矛盾，做一些有利於鄉民的公益事業，結果一事無成。這一場明爭暗鬥就在民族資產者向封建豪紳的妥協中宣告結束，而企圖有所作爲的「改良派」人物也終於四處碰壁，無力迴天，繼續受損的依然是求告無門的鄉下農民。作者儘管以趙守義與王伯申這兩個小城頭面人物之間的一場衝突作爲主線，但作者並未把大量筆墨放在衝突本身的描繪上，而是把主要筆墨伸展到家庭倫理、人情風俗方面，寫的多是一些平凡瑣碎的家庭之事，諸如姑嫂對話、夫妻夜談、父子衝突等等，從這些日常生活描寫中，展示那些世家子弟的情愛糾葛、心理苦悶乃至生存困境，展示他們的惶惑、不安、無所作爲也無所追求的社會文化心態。大量的生活畫面的呈現使得這部小說具有濃厚的生活意趣。遺憾的是，這部小說只是茅盾構思中的第一部，很多人物、情節以及複雜的階級關係還未有充分展開，只勾畫出一個時代的輪廓。但僅僅前 14 章也可算是布局嚴謹，情節複雜，語言典雅，富有民族風格的佳作。

儘管還只是一個未完成的作品，但這部小說人物刻畫、結構以及藝術手法等方面均有獨出之處。小說中幾十個人物各具特徵。如豪紳趙守義的頑固守舊、陰險刻毒，新興資產者王伯申的善於變通、惟利是圖，改良派錢良材的憎惡世俗而又無所作爲，寫來都各具個性；而張婉卿無疑是整部小說中給人留下最難忘印象的人物。她年輕美麗，精明能幹，家裏家外，應付自如，頗類《紅樓夢》中的王熙鳳。作者花了許多筆墨從內在心理與外在動作兩個層面寫出了她的性格和內心隱痛。爲了使丈夫黃和光能戒掉鴉片煙癮，恢復男人應有的性功能，她盡了一個妻子和家庭主婦的職責。對這種帶有東方女性式的賢惠明禮、負重前行的品性不無贊許，是作家對東方型女性的傳統美德的發掘與肯定。結構上，作者把王趙之間的矛盾鬥爭隱藏於日常生活及糾葛的細膩描寫之下，使小說形成一表一里、一緩一急的二重複調結構。此外，採用多視角的對比，如細節對比、情節對比、人物形象對比、情調氛圍對比等不但不使小說因大量生活瑣事的描寫顯得呆滯、沉悶，反而使整部小說結

構緊密，形成一種互相呼應有機整體。在藝術手法上，茅盾有意尋求中國傳統藝術的回歸，在利用民族形式方面做出了可貴地探索。作者用古典小說刻畫人物的傳統手法，用人物行動來表現人物性格；以委曲入微的筆法描繪人物在日常生活中所表現出來的心靈畫幅；以中國古典白話小說語言的典麗、細密敘述故事，使小說情節的展開顯得從容委婉；以景物描寫來襯託人物複雜的內心世界。等等。小說問世不久，就有批評家指出：「《霜葉紅似二月花》──這長篇小說的第一部──我們可以看到茅盾先生的作風，是在利用民族形式爭取更廣大的讀者群這一點上，作了很大的努力。」〔註3〕

小說自 1943 年 5 月初版問世之後，很快在文藝界和讀者中引起重視。爲了對茅盾先生的勞作表示敬意，爲了引導讀者的閱讀興趣，桂林華華書店主辦的《自學》雜誌社和《廣西日報》副刊「讀書俱樂部」於 1943 年 10 月 20 日下午在蜀腴川菜館聯合主持了一個座談會。出席座談會的人有巴金、艾蕪、田漢、安娥、孟超、林煥平、周鋼鳴、洪遒、胡仲持、胡明樹、黃藥眠、韓北屛、靈珠、司馬文森、端木蕻良、孫懷琮等共計 16 人。座談會由胡仲持主持，先由韓北屛把故事大概講一遍，接著，與會者就小說中故事發生的時代、中心主題、書中主要人物逐一展開了分析與討論，各自發表了自己的看法，充分肯定了小說的成功之處，也指出了其中的某些不足。最後，大家一致同意聯名發電去慰問茅盾先生，電文如下：

　　茅盾先生：

　　　　《霜葉紅似二月花》第一部在桂出版，同人等特於十月二十日舉行座談會，共認先生此作，爲抗戰以來，文藝上巨大至收穫，除

〔註 3〕王若飛《中國文化界的光榮，中國知識分子的光榮》，《解放日報》1945 年 7 月 9 日。

　　　　將記錄及摘記分別刊載《自學》雜誌及廣西日報讀書俱樂部外，先

　　　　電馳賀，並盼早竟全功。此祝筆健。

此外，關於此書的評論在該書出版後也陸續問世。如埃籃的《讀〈霜葉紅似
二月花〉》（《新華日報》1944 年 1 月 3 日）、李長之的《茅盾〈霜葉紅似二月
花〉》（《時與潮文藝》第 3 卷 4 期，1944 年 6 月 15 日）、田玉《茅盾新作〈霜
葉紅似二月花〉》（《文藝春秋叢刊》1945 年 4 期），這些有肯定也有否定的評
論，不但擴大了小說的影響，也便利了讀者的閱讀和接受。

　　儘管文藝界和廣大讀者都盼望茅盾能早竟全功，但是自 1942 年 12 月茅
盾離開桂林赴重慶之後的三十餘年裏，「誰知道此後人事變幻，總沒有時間續
寫此書」。〔註 4〕1958 年，茅盾趁出版《茅盾文集》的機會，對小說第一部進
行了校訂和修改，改動約一百餘處。改動後的小說，農民形象有所改善，地
主和資本家則有「妖魔化」傾向，一系列人物形象的變化使「鬥爭」主題得
到強化，誇大了小說中的階級鬥爭。茅盾還專門爲此小說寫了《新版後記》。
到了文革後期，1974 年 3 月到 11 月，茅盾在「地下活動」的狀態下秘密續寫
《霜葉紅似二月花》，續稿把故事延伸到北伐前後（續稿發表在《收穫》1996
年 3 期），從發表的續稿來看，15～18 章有詳細梗概和正文片段，18 章以後
各章節只有簡要的梗概與片段。續稿部分保持了茅盾小說一貫的時代感和氣
勢。引人注目的是增加了一位頗有劍俠之氣得革命新女性張今覺，圍繞她展
開了大革命前後在中國和日本的革命黨人的種種活動，從而回答了幾十年來
一直懸疑的「霜葉紅似二月花」所指爲何的問題。〔註 5〕總之，續稿的寫作及
問世終於使這部長篇終於有了一個較爲完整的故事。

〔註 4〕茅盾《新版後記》，《霜葉紅於二月花》，人民文學出版社 1961 年版。
〔註 5〕丁爾剛《〈茅盾全集・補遺〉的價值》，《新文學史料》2006 年 4 期。

吳組緗的第一部長篇小說《鴨嘴澇》

長篇小說　鴨嘴澇　吳組緗著

抗戰文藝叢書之三　定價廿五元　重慶文藝獎金管理委員會出版部1943年3月初版

　　本書是抗戰以來第一部傑出之長篇小說，全書近二十萬言，描寫江南某農村的農民對抗戰由漠不關心而進入積極戰鬥的過程。作者在本書中創造了若干農民的典型，於溫柔秀美的江南風景中，素繪了江南農民的戰時生活，爲抗戰留下了一首不朽的史詩。至作者文筆之美麗，造句之勁道，對話之生動，人物性格之鮮明，則更爲當代文藝作品中所不多見。初版印數不多，欲購從速。外埠加包裹費二成。

廣告載 1943 年 4 月 11 日《新華日報》第 1 版

　　受文藝界抗敵協會會刊《抗戰文藝》編者之約，吳組緗於 1940 年冬開始創作自己的第一部長篇小說《鴨嘴澇》，因爲湊著了空閒，上篇七段一氣呵成。稍後，連續在《抗戰文藝》（第 7 卷 1 期、2、3 合刊）上發表。下篇寫作時斷時續，至 1942 年 5 月才最後完成，由於作者自己對下篇的寫作很不滿意，「其間濡滯與不勻稱之處不說，即情節結構，也迥非原來計劃中的面目。此固因作者才能不足，而又寫的太少，筆下生疏；但耽擱日久，情思不屬，也是一個原因」。〔註 1〕故沒有先在期刊上問世。全部書稿完成後，得到了國民黨中央設立的文藝獎助金的經濟支助，納入「抗戰文藝叢書」第三種於 1943 年 3 月由重慶文藝獎金管理委員會出版部出版。書前有時任中國國民黨文化運動

〔註 1〕吳組緗《〈鴨嘴澇〉贅言》，《鴨嘴澇》，重慶文藝獎金管理委員會出版部 1943 年 3 月初版。

委員會主任、文藝獎金管理委員會主持者張道藩爲《抗戰文藝叢書》寫的《序》
以及作者 1942 年 5 月寫的《贅言》。張道藩在序中從文藝與時代、人生的關
係上強調：「偉大的時代，必能產生偉大的作品，而偉大的文藝更能推進偉大
的時代。」因此，他呼籲抗戰時代的文藝家要「以救國自救的熱誠，發揚積
極精神，喚醒民族意志，提倡自我創造，確定了眞美善的崇高境界，鼓勵人
們爲不朽的事業奮鬥，而以求得國家社會全體底自由」。他肯定了作家們爲抗
戰建國所取得的成就，聲稱國民黨中央設立文藝獎助金的目的是爲了扶助新
文藝建設。而作家吳組緗寫的《贅言》則主要交代了此書的創作緣起、經過
以及小說內容方面的情況。他戲稱「以上云云，原都是一些無須說的話，無
須說，而還不免要說，此之謂『贅言』」〔註 2〕

　　《鴨嘴澇》是一部表現抗戰初期江南農村蛻化過程的作品，描寫了抗日
戰爭中農民民族意識覺醒的曲折歷程。小說塑造出章三官這個質樸善良、堅
韌勇敢的農民形象，是抗戰文藝園地中的一朵奇葩。章三官是一個二十五六
歲的年輕能幹的農民，他有出眾的手藝，剛娶了親，家裏有地。但抗戰爆發
中斷了他的幸福生活，他對日寇的入侵憤憤不平，變成一個激烈的「主戰派」。
保長欲借抽丁撈油水，三官擔心被抽丁，想躲逃當兵，只得同意湊錢雇人頂

〔註 2〕吳組緗《〈鴨嘴澇〉贅言》，《鴨嘴澇》，重慶文藝獎金管理委員會出版部 1943
　　年 3 月初版。

替。在王先生的指導下，三官意識到他應該為抗日做點事，他開始主動為隊伍挑運東西。當遊記隊伍到了鄉間，他擔任了「扁擔隊」隊長，在「獵戶隊」也占著重要地位，自覺擔負起了保衛鴨嘴澇的責任。作者用了最大的力量和心血去刻畫一個帶著農民自私性、性格頑強的青年農民怎樣在抗戰的烈火中冶熔變化而毅然走上了抗日的道路。這是一個看似簡單其實複雜的變化過程，作者用了極細膩的筆致反反覆覆、推推敲敲刻畫出主人公內心的矛盾和發展過程，寫出了這種變化過程的複雜性。

小說問世後在文壇引起了很大的反響。「朋友們寫信及口頭告訴我讀後的意見，指教德很多；散見於雜誌報章的批評文字，不下數十餘篇」。總的來看，這些批評文字肯定了小說的歷史意義，但對小說的不足之處也直言不諱。如老舍在《讀〈鴨嘴澇〉》中首先就對小說的書名不滿意：「書名起得不好。『鴨嘴』太老實了。『澇』，誰知道是啥東西！」接著，他馬上就說「書，可是，寫得真好！」然後他又具體指出了小說的幾個優點：一是描繪出了每個人的個性，叫我們看到不少活生生的人，也看見一個活的社會。二是在描寫人物中重點突出，把力量都放在鴨嘴澇的鄉人身上。三是努力利用口語，通過這些活生生的話語，使我們看到而且聽到了鴨嘴澇的人們的內心活動。〔註3〕以群也寫了《〈鴨嘴澇〉讀後》指出了小說的優劣之處：「作為這作品底優秀的特色，是作者對於鄉村風景、生活描繪底別致，以及民間口語底豐富的採用。」在人物描寫上，除了主人公之外，其餘如東老爺、富黃瓜、保長皮猴子等都寫得非常生動，但「後部一觸及那些來自外鄉的游擊人物，卻顯得較為力弱」，「以游擊隊在鄉間的活動為主的部分，大體都是平鋪的敘述，缺少具體的描寫，不能給讀者生動有力的印象」。〔註4〕李長之也對該小說發表了看法：「作者對主題的把握，可說遠大而中肯，對農民的認識，可說逼真而不機械，不僵化，不簡單化，不漫畫化，這是讓人五體投地的，但缺的是振綱提領的有波瀾的故事，差的是沒除掉太反省，太抽象，並略顯概括之處的雜質！」〔註5〕在《群眾》第 9 卷 18 期書評欄目上，鉗耳發表了《評吳組緗的《鴨嘴澇》，總體上還是認為這是一部值得稱讚的作品，用樸實的手法處理了樸實的題材，能從小說中感到一種堅強的力量，堅強的理解和堅強的信念。但是，小說中的事件的聯繫不夠有力，

〔註3〕老舍《讀〈鴨嘴澇〉》，《時事新報》，1943 年 6 月 18 日。
〔註4〕以群《〈鴨嘴澇〉讀後》，《抗戰文藝》第 9 卷 1～2 期合刊，1944 年 2 月 1 日。
〔註5〕李長之《鴨嘴澇》，《時與潮文藝》第 4 卷 1 期，1944 年 9 月 15 日。

敘述多於描寫，有些機械。與上面的評論稍不同的是，余冠英發表的書評則高度評價了該小說，認爲它在宣傳上和藝術上都取得了成功：「本書激發讀者愛國情緒頗具力量，這是宣傳的成功，同時它也表現農村人物生活極具生動鮮明，這是藝術上的成就。」〔註6〕

1945 年年底，《鴨嘴澇》改名《山洪》，交給剛成立的上海星群出版公司出版，作爲對該社的支持，並於 1946 年 5 月出版了新版本。由於新版不再列爲「抗戰文藝叢書」，張道藩的《序》也理所當然地拿掉了。書前有作者 1945 年 10 月寫的《新版題記》。其中說出了改名「山洪」的過程：「以群兄建議選用兩個字，表示『人民的潛在力量初初發動』的意思。我想出『驚蟄』二字。後來老舍兄替我另想了『山洪』的名字，以爲醒豁，響亮，切合內容，字面也比較爲大方。於是決定改名爲『山洪』。」〔註7〕事實上，小說以「鴨嘴澇」和「山洪」命名各有其特色。以地名「鴨嘴澇」作爲書名強烈地體現了皖南山鄉的地域文化色彩，鴨嘴澇就是指坐落在黃山支脈下的鴨嘴山，而鴨嘴山腳下有一條彎曲向北的大河，這條大河就是作家故鄉涇縣的青弋江。出於對

〔註6〕余冠英《評〈山洪〉》，《文藝復興》第 1 卷 5 期，1946 年 6 月 1 日。
〔註7〕吳組緗《新版題記》，《鴨嘴澇》，上海星群出版社 1946 年 5 月初版。

故鄉山水的眷戀，故以鴨嘴澇作爲書名。而以「山洪」爲名則可以貼切地體現出皖南山鄉人民的民族意識的覺醒以及奮起抗爭的精神。所以，有研究者從這兩個名稱來評價這部小說：「『山洪』與民族意識的覺醒的皖南山鄉人民的內在精神相合，而『鴨嘴澇』又能體現鮮明的地方色彩。作者是把『山洪』的時代精神放在『鴨嘴澇』這個特殊的地域裏加以表現，因而贏得了讀者的稱讚。」〔註8〕除了對名稱的改動之外，作家沒有對內容作任何改動。對於一些朋友勸他續寫下去的建議，他也以對這本稿子及其題材失去了興趣爲由未再續寫，從而使這本小說保持了歷時的原貌。

　　新中國成立後，展開了對知識分子的思想改造，許多從舊社會過來的作家，在文藝爲政治服務、爲工農兵服務的思想指導下，爲了迎合新的文學規範，表現新的國家意識形態，對自己的舊作進行了修改。〔註9〕儘管小說《山洪》在星群出版時保持了歷史的原貌，但作者在50年代初還是對小說進行了部分修改。「一邊遲疑著，一邊對有些過意不去的地方」〔註10〕作了些修改。具體來看，這些修改主要體現在五個方面：一是從人物的外貌、行爲以及人物對抗戰的態度描寫上，將有嫌人民「落後面」的文字進行了修改，改變了寫山鄉人民太懶太髒的面貌，避免了「醜化勞動人民」之嫌。二是對三官精神面貌進行修改，減弱了他自私、沾沾自喜、猶豫、困惑、愁悶等這些心理活動，突出他剛強、樂觀、具有強烈的民族精神。三是加強對國民黨反動勢力以及地方政權的揭露。如對保長皮猴子的修改，凸顯了他的罪惡。四是對大量的山鄉土語、口語進行了藝術上的錘鍊和加工，使小說語言更加大眾化。五是重新對小說章節進行了編排。由於小說應《抗戰文藝》主編的要求把原稿分上下兩編，上編7段，下編10段，這樣的編排並不合理。這次修改時，作者把上下兩編17段改爲36段，基本上是1段變2小段，某些太長的節被分成幾個小節，使小說情節順暢，條理分明。

　　儘管作家受時代政治文化思想影響而對小說進行了多方面的修改，適應了當時政治思想文化的需要。但作家畢竟是一位保持藝術良知、堅守藝術精神的作家，他的修改仍然有自己的分寸。如對山鄉落後面的修改不是對這些

〔註8〕謝昭新《從〈鴨嘴澇〉到〈山洪〉的版本修改演化看吳組緗文學思想的發展》，《中國現代文學研究叢刊》2005年3期。
〔註9〕儘管小說的修改發生在五十年代，但作者還是有顧慮，一直未讓其出版。直到80年代初，出於對現代文學研究和教學的考慮，作家才讓修改本出版。
〔註10〕吳組緗《後記》，《山洪》，人民文學出版社1982年版。

地方一一加以刪改或重寫，而是在某些不太顯眼的地方作語句、字詞上的修改、加工。對章三官思想發展的三大歷程，用以描寫他的主要情節和生動的細節，均未作任何刪改。

傑出的四川方言長篇小說《淘金記》

文化生活出版社 刊行　淘金記　沙汀著　三十八元四角

　　《淘金記》是沙汀的第一部長篇。全書敘述白醬丹與林麼長子兩人都想利用何寡母的兒子人種去開發燒箕背，但結果他們都落了空，何寡母阻止了兒子與白醬丹合作。白醬丹也沒有能夠靠表親的關係得到什麼好處。那結局是很不痛快的。雖然白醬丹因了要開發燒箕背與林麼長子衝突，慫恿何寡母的侄兒丘娃子找何家尋尋釁，但處心積慮，終歸失敗。在這長篇裏，我們看到的人物都是活生生的人物，而這些人物活動的北斗鎮，燒箕背，則渲染著令人親切的地方色彩，刻畫人物，分析心理，描寫景色，都達到了很高的藝術境地。尤其是人物刻畫的精到，對話的生動，（四川土語的運用）也是這本書的特點。

廣告載 1943 年 5 月 22 日《新華日報》第 1 版

淘金記 沙汀著 文化生活出版社 1943 年 5 月初版

　　淘金記是沙汀的第一部長篇，在這長篇裏，我們看到的人物都是活生生的人物：而這些人物活動的北斗鎮，燒箕背，則渲染著令人親切的地方色彩，刻畫人物，分析心理，描寫景色，都達到了很高的藝術境地。尤其是人物刻畫的精到，真使我們歡賞不置。至於這作品整個的氣勢，更是無比磅礴的。對話的生動，（四川土語的運用）也是這本書的特點。全書敘述白醬丹與林麼長子兩人都想利用何寡母的兒子人種去開發燒箕背，但結果他們都落了空：何寡母阻止了兒子與白醬丹合作。白醬丹也沒有能夠靠表親的關係得到什麼好處。那結局是很不痛快的。雖然白醬丹因了要開發燒箕背與林麼長子衝突，

慫恿何寡母的侄兒丘娃子找何家尋尋釁，但處心積慮，終歸失敗。這是一部值得一讀的巨製。

廣告載 1943 年 5 月 29 日《新華日報》第 1 版

1937 年冬，沙汀從上海回到四川，家鄉安縣的淘金熱給了他深刻印象。此後他又赴延安和華北前線，在一年多時間裏，呼吸了到了延安的自由空氣，又親臨了血與火的戰爭考驗，思想意識有了提高。當他再次回到四川重慶後，在他頭腦中醞釀的小說逐漸形成。在《〈淘金記〉重版書後》中，他說：「這時候，我一九三七年在故鄉逗留中對於豪紳們竟相淘金這件事的看法，也愈益明確了。因爲在『四大家族』的帶動下，在國統區的城鄉大小頭面人物中間，所謂『發國難財』已經成爲一時風尚；其途徑也不止於淘金，益發感覺有加以揭發的必要。」〔註1〕1940 年冬，他開始動筆寫作自己的第一篇長篇小說《淘金記》。1941 年元旦後，震驚中外的「皖南事變」發生，《淘金記》寫到第三章便戛然而止，沙汀疏散到老家，以每天兩三千字的速度埋頭續寫《淘金記》，初稿完成之後，他又逐章修改，一直到 1942 年秋天，近 20 萬字的小說終於完成。接著，小說的部分章節以《燒箕背》和《北斗鎮》爲名發表在期刊上（《燒箕背》，《文藝陣地》第 7 卷第 2、3 期；《北斗鎮》，《文學創作》第 1 卷第 5 期）。後納入巴金主持的《現代長篇小說叢刊》，作爲第十一種由重慶文化生活出版社於 1943 年 5 月初版發行。〔註2〕

小說以抗日戰爭時期四川的一個小鎮爲背景，以開採燒箕背金礦的事件作爲線索，寫地主劣紳們爲發國難財而掀起的內訌，刻畫和展示了各有性格特色的地主階級的群醜圖。在北斗鎮上互相爭奪的勢力中，有「在野派」哥老會流氓頭子林麼長子，依附於地方勢力的惡霸白醬丹和漸趨沒落的女地主何寡母等。全書敘述白醬丹與林麼長子兩人都想利用何寡母的兒子人種去開發燒箕背，但結果他們都落了空。白醬丹也沒有能夠靠表親的關係得到什麼好處。他們處心積慮，終歸失敗。小說揭露這些農村頭面人物的猙獰可怕的

〔註 1〕沙汀《〈淘金記〉重版書後》，《淘金記》，北京：人民文學出版社 1980 年版。
〔註 2〕1954 年作家出版社印行該書時，作者進行了修訂，在正文前增加了《內容說明》，直排印刷。1962 年，人民文學出版社印行時，作者排進行了第二次修訂，有刪改，字數從 1954 年的 196000 字減爲 185000 字。第三次修改是在四川人民出版社出版《沙汀選集》時，文字上基本沒動，爲了便於讀者理解，增加了近 30 條注釋，書後有作者寫於 1978 年 12 月 9 日《重版書後》。

面貌，鞭撻了國民黨當局在農村的黑暗統治。筆觸細密、洗煉，情節單純集中，不枝不蔓，同時又波瀾起伏，引人入勝，在濃鬱的四川鄉土氣息和農村生活的客觀描繪中，顯示出現實生活中複雜的社會、階級關係。小說充分顯示出作者生活積累的豐富和藝術技巧的圓熟。由於作者對四川農村的生活和歷史，各階層人物的心理狀態和地方風俗習慣相當熟悉，加以冷靜的觀察、細密的剖析，眞實精細地描繪現實關係，成功地運用四川方言土語。因而繪製出一幅幅鄉土氣息十分濃鬱的四川農村風俗畫。

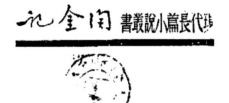

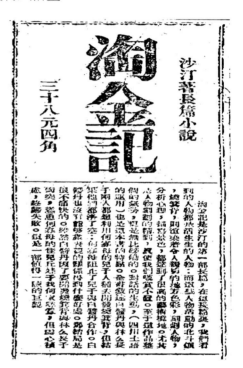

小說問世之後，國統區進步文藝界對小說的評價出現了兩種完全不同的意見。一是高度評價了該作品。如李長之認爲這部作品「幾乎沒有一個地方可以叫人不滿」，作者「嚴肅地著寫實主義的任務」，內容深沉，人物描寫「全然精彩」，是「鄉土文學中之最上乘的收穫」。﹝註 3﹞下之琳認爲，《淘金記》是「抗戰以來所出版的最好的一部長篇小說」，「恰相一致的一齣完整的戲劇」，文字「簡潔到了一個難得的高度，而處處充滿風趣，間或迸出一兩個樸

﹝註 3﹞ 李長之《〈淘金記〉、〈奇異的旅程〉》，《時與潮文藝》第 4 卷 2 期，1944 年 10 月 15 日。

實而新鮮的意象」。〔註4〕二是貶低小說的價值。如石懷池認為該作品具有現實意義的同時認為它「帶有幾絲自然主義的陰暗的氣息，給與人們的是失望多於希望，莫名的憤怒多於合理的抗爭的意志，很少能捉摸到將來的遠景」。〔註5〕冰菱（路翎）則認為，《淘金記》的內容「僅僅走到現象為止，在現象的結構上播弄著他的人物。」人物也「僅此於機智或風趣，缺乏著更深的熱情的探求」。認為作者「是被理論刺激著去看見人民的，而對於他底周圍的這些人民，作者是表示著被逼著非看見不可的，無感應的，談談而無可奈何的態度。正因為被逼著，作者底不甘滅亡的主觀，就變成了淡漠的嘲弄了。」進而指出「這種作品，是典型的客觀主義的作品。」〔註6〕

　　顯然，《淘金記》還有些不足，如作品對於現實主義創作方法的運用還存在著某些局限和不足，對現實生活的概括上缺乏更為開廣的政治幅度和更為深遠的歷史高度，壓抑了作家的情感等等，但小說在人物形象塑造和人物對話上非常成功。

　　在人物形象塑造上，其中以白醬丹的形象寫得最為成功。作為現任聯保主任龍哥的「智囊」與「神經」，白醬丹的刻毒和兇狠隱藏在「斯文遲緩」、「和藹可親」的外表下。他不僅為了自己的私利苦心鑽營，奪得了燒箕背的開採權，而且自覺地充當反動腐朽制度的維護者，想方設法「增強力量」，「維持後方治安」。這一性格鮮明的人物概括了深刻的社會內容：他是國民黨反動、腐朽統治所培植和養育出來的最兇殘、醜惡、無恥的政治流氓，同時又是這個腐爛、崩壞的社會制度賴以維護、支撐下去的支柱。作品另一塑造得成功的人物是國民黨農村基層政權的代表人物——聯保主任龍哥。這個「有點名士氣」的統治者，心直口快，粗野無忌，幹壞事也似乎出自內心的真誠。他可以毫無惡意，毫無打算，和毫無愧色地獲取任何自己高興的事物。他做起囤積生意來也似乎是漫不經心地憑直覺採取斷然行動，竟然與精密的打算不相上下，因而屢獲暴利，這說明他的一舉一動與這個腐爛社會的脈搏是何等合拍！由於他代表著政權的力量，因而在燒箕背開發權的爭奪中起著舉足輕重的作用。他與農村豪紳集團狼狽為奸，充分說明了抗日戰爭中國民黨基層政權的反動本質。此外，林麼長子、何寡婦等的形象也各具特色。

〔註4〕卞之琳《讀沙汀〈淘金記〉》，《文哨》第1卷2期，1945年7月15日。
〔註5〕石懷池《評沙汀的》，《群眾》第10卷10期，1945年6月1日。
〔註6〕冰菱《淘金記》，《希望》第1集4期，1945年12月。

　　對話的生動，（四川土語的運用）也是這本書的特點。小說中設置了大量的人物對話，通過人物間的對話把人物性格、談吐形象地表現了出來，做到聞其聲，知其人。如白醬丹請何人種和林麼長子到郭金娃館子吃酒，白林二人之間的對話：

　　……麼長子忽然帶著一種流氓腔的傻笑緊盯著白醬丹。

　　「怎麼樣，」白醬丹紅著臉含蓄地說，「有二分醉了吧？」

　　「還早！就是怕把你吃痛了！」

　　麼長子大笑著回答了。

　　「不過，不要擔心！」他又做作地安慰他說，好像對方真的有點護痛，「還是我來請客好了！老實說，你的東西，他們說是吃不得的，吃了……」

　　「難道有毒？」白醬丹大步愉快地截斷他問。

　　「毒倒沒有，——有點耳藥，——他們說是爛藥！」

　　麼長子慢慢說，說完，便又意味深長地笑起來。

　　這可有點使白醬丹吃不住了。因為他是最忌諱旁人提起他這個不大榮譽的諢號的……

　　白醬丹沉默了一會來穩定自己的感情，然後不懷好意地說：

　　「要得嘛！可是，謹防我給你彈一點在身上荷。」

作者就是通過這兩個人含蓄個性的語言，把他們互相攻擊、針鋒相對的音容笑貌表現了出來，生動有力地刻畫出兩個流氓對手之間的一場「暗戰」。

　　此外，小說的諷刺藝術、人物心理的分析以及地域特色等方面均達到了很高的藝術境界。所以，有研究者認為《淘金記》「不僅是代表沙汀獨特創作風格的最成功的作品，而且是中國現代文學史上別具一格有著獨特成就的優秀長篇小說之一。」〔註 7〕

〔註 7〕黃曼君《試論〈淘金記〉的思想和藝術》，《中國現代文學研究叢刊》1982 年第 1 期。

趙樹理的成名作：《小二黑結婚》

關於本文作者趙樹理的作品，本刊創刊號有周揚同志的專文介紹，讀者可以參看。《小二黑結婚》是趙樹理第一篇為人所知的短篇小說，在一九四三年發表時，在群眾中獲得了大量讀者。僅在太行一區就銷行達三四萬冊。群眾並自動地將這故事改變成劇本，搬上舞臺。

這篇小說寫的是農村中的一個戀愛故事。當初作者曾有意識地將它稱為「通俗故事」，但周揚同志說：「這決不是普通的通俗故事，而是真正的藝術評。」——編者

載《東北文化》第 1 卷第 2 期，1946 年 10 月 25 日

20 世紀 40 年代初，正是抗日戰爭處於戰略相持向戰略反攻階段轉變的關鍵時期。國際、國內形勢都還不甚明朗。抗日民主根據地的政權建設還需繼續加強，不僅是軍事上、經濟上，而且文化上也需要大量的精神食糧鼓舞根據地軍民的抗戰信心。根據地的文化宣傳作為一項重要的政治在抗戰中居於重要地位。但根據地的文化工作者多受過新文學的影響，並多是長期生活在大中城市的小資產階級知識分子，多持啟蒙的姿態。他們與廣大的農民有一道天然的鴻溝。所以，根據地的文化宣傳出現脫離群眾，脫離實際，使得廣大人民群眾並不能很好地領會各種政治精神。生活在抗日民主根據地的趙樹理，很早就投身於革命鬥爭，加上本身來自於農民家庭，對農民的精神狀況非常瞭解。多年的文化宣傳實踐和長期與農民生活在一起使他逐漸認識到通俗文藝才能真正地起到宣傳作用，「用群眾語言寫出群眾生活，讓老百姓看得懂，喜歡看，受到教育，因為群眾再落後，總是大多數，離了大多數，就沒

有偉大的抗戰，也沒有偉大的文藝。」〔註1〕他認爲中國過去就有兩套文藝，一套爲知識分子所享受，另一套爲人民大眾所享受。對於置身於根據地革命隊伍的趙樹理來說，「要想將一種嶄新的革命思想輸入農村，就必須借助與鄉村社會已有的欣賞心理與接受習慣，並充分照顧到他們現有的知識文化水平及感受與思維方式」。〔註2〕他的寫作的目的就是想「寫給農村中的識字人讀，並且想通過他們介紹給不識字人聽的，所以在寫法上對傳統的那一套照顧得多一些。」〔註3〕所以，他毫不猶豫地選擇了農民喜聞樂見的民間說唱文學的形式，來宣傳黨的方針政策和革命道理，力圖在藝術形式與審美觀念上回歸傳統與民間，將文學之根深深植入北方中國的黃土地中。

　　1943年初，趙樹理在下鄉調查研究時，聽聞了一件兇殺案：一個叫岳冬至的民兵小隊長因與一個名叫智祥英的姑娘自由戀愛遭到了當地流氓惡霸村長等人的忌恨，他們在村公所毒打岳冬至致死。此事讓趙樹理看到了當時農村中存在婚姻不自由、農村基層權力的流氓化、群眾思想麻木等的問題。爲了解決農村普遍存在的問題，提高人民群眾的思想覺悟，趙樹理決心以岳冬至的原型寫一個通俗小說。小說名稱確定爲《小二黑結婚》，主要寫農村青年小二黑和小芹自由戀愛，受到流氓惡霸村長金旺的阻撓。小二黑其父二諸葛由於迷信，他

反對小二黑與小芹結合，私下給小二黑收養一位童養媳。小芹其母三仙姑爲貪財而出賣女兒，逼小芹嫁給吃喝嫖賭的吳廣榮。一天小二黑和小芹暗地商量終身大事時，被金旺等捆住。雙方家長前往村長家要人，發生一連串打群架的事件。後來由抗日民主區政府區長出面支持，經過一番鬥爭，嚴懲惡棍

〔註1〕戴光中《趙樹理傳》，第147頁，北京十月文藝出版社1987年版。

〔註2〕范家進《趙樹理對新文學的兩重「修正」》，《文學評論》2002年第1期。

〔註3〕趙樹理《〈三里灣〉寫作前後》，《趙樹理文集》第4卷，第485～486頁，工人出版社1985年版。

金旺,故事最後以喜劇收場,二諸葛和三仙姑表示支持這件婚事。通過趙樹理在故事原型上的加工,故事成爲了一個「破除迷信,歌頌婚姻自由」的故事。

小說在 1943 年 5 月就完成了,但是其出版過程卻一波三折。1943 年的抗日民主根據地,通俗文藝還是被視爲低俗的封建文化糟粕,並不爲廣大文化工作者認同。趙樹理主張利用民間的講唱文學形式自然遭到了許多人的反對。在《徐懋庸回憶錄》中這樣寫道:「不久以後,我帶了一個抗大的參觀團經過文聯,文聯的同志同我一起漫談,大家說了很多對趙樹理不滿的話。」〔註4〕戴光中在《趙樹理傳》中對 1942 年中共太北區黨委和一二九師政治部聯合召開的文人座談會的「文藝大眾化」這樣寫道:「但是遺憾得很,許多反駁者也皆是在理性上贊

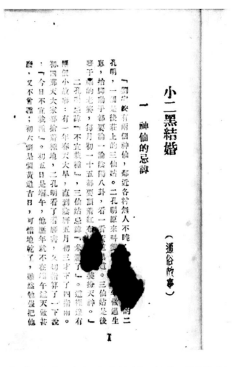

同『大眾化』而已,很少有親切實在的感受可言,因而雖然是滔滔不絕的慷慨陳詞,卻失之空洞浮泛,熱情有餘而說服力不足。」〔註5〕可見,趙樹理堅持的文藝通俗化、大眾化眞是曲高和寡。趙樹理完成《小二黑結婚》初稿後,他送交時任北方局黨校黨委書記的楊獻珍,楊很欣賞這部作品,但對此提出了一些意見。後他又推薦給北方局婦救會的負責人蒲安修,她也很欣賞,就又推薦給時任八路軍的副司令彭德懷,彭總看了也很滿意。於是,小說就送給新華書店請求出版。但是,由於正值抗戰的關鍵時刻,出版社以這種與抗戰無關的通俗小說與當時的政治環境不協調爲由,拒絕出版該書。彭總瞭解了這種情況後,專門批示:「像這樣從群眾調查研究中寫出來的通俗故事還不多見。」因爲八路軍的司令員都對此書給予了好評,新華書店不得不照辦。9月,《小二黑結婚》由華北新華書店出版,封面上標特別標示「通

〔註 4〕徐懋庸《徐懋庸回憶錄》,第 145 也,人民文學出版社 1982 年版。
〔註 5〕戴光中《趙樹理傳》,第 145 頁,北京十月文藝出版社 1987 年版。

俗故事」，而彭德懷的題詞即印在《小二黑結婚》一書的扉頁上。

《小二黑結婚》出版後的反響，大大出乎所有人的預料。連續印了兩萬冊，還是供不應求，它在窮鄉僻壤也不脛而走，被農夫、村婦交相閱讀，在地頭、炕頭、飯場上，到處可以看到閱讀《小二黑結婚》的場面。「各地劇團還競相把它搬上舞臺，由武鄉光明劇團開始，太行根據地的許多職業劇團和業餘劇團，如襄垣農村劇團、沁源綠茵劇團等，紛紛把《小二黑結婚》改編成各種戲曲演出。人們一聽說哪村演《小二黑結婚》，往往趕幾十里路去觀看，並一看再看，百看不厭。一時間，小二黑，小芹、三仙姑、二諸葛成了家喻戶曉的人物。」〔註6〕但同人民群眾的狂熱的反響不同的是，文藝界對《小二黑結婚》的出版則相當冷淡，似乎有點超乎尋常。只有一個剛來太行文聯的苗培時毫無成見地寫了書評《寫了大眾生活的文藝》，發表在《華北文藝》1943年十月號上，充分肯定了趙樹理的這篇小說。但《新華日報》（華北版）卻很快出現了一篇針鋒相對的刻薄文章，嚴厲的批評道：「當前的任務是抗日，寫男女戀愛沒有意義。」〔註7〕似乎把《小二黑結婚》貶得一錢不值，不合適宜，但趙樹理對這種不公平的待遇坦然置之，即沒有惶恐不安，也沒有憤世嫉俗，因為以「文攤家」自居的趙樹理看來，他真正在意的是廣大農民的滿意與否，只要老百姓喜歡，並能在政治上起作用，這就是一切。

真正使趙樹理獲得承認的還是《在延安文藝座談會上的講話》。多年後，趙樹理回憶了自己當年學習毛澤東《講話》後的心情：「毛主席的《講話》傳到太行山之後，我像翻身農民一樣感到高興。我那時雖然沒有見過毛主席，可是我覺得毛主席是那樣瞭解我，說出了我心裏要說的話，十幾年來，我和愛好文藝的熟人們爭論，但是始終沒有得到人們同意的問題，在《講話》中成了提倡、合法的東西了。我心裏有一種說不出的高興。……毛主席的《講話》中給文藝工作者指出了革命文藝的發展方向，給了我很大鼓舞。」〔註8〕三年後，作為中共晉察冀中央局宣傳部長兼文委書記的周揚也注意到了趙樹理的創作所產生巨大影響，他在 1946 年 7 月 20 日的《長城》上發表了《論趙樹理的創作》（稍後又發表在 1946 年 8 月 28 日《解放日報》上），在文中，

〔註 6〕陳為人《插錯「搭子」的一張牌——重新解讀趙樹理》，第 6 頁，廣東人民出版社 2011 年版。
〔註 7〕轉引自戴光中《趙樹理傳》，第 167 頁，北京十月文藝出版社 1987 年版。
〔註 8〕轉引自戴光中《趙樹理傳》，第 174～175 頁，北京十月文藝出版社 1987 年版。

周揚指出，在延安文藝座談會以後，解放區的小說創作發生了深刻的變化，取得了巨大的進展。而趙樹理的小說在反映農村生活和小說民族化、大眾化方面作出了傑出的貢獻，他的作品是解放區文藝創作的一個重要收穫。他認為趙樹理的小說藝術成就歸結為文藝與群眾相結合、作家與群眾相結合的產物，顯示了毛澤東文藝思想在創作實踐上的一個勝利。對於趙樹理及《小二黑結婚》，周揚是這樣評價的：「他是在謳歌新社會的勝利（只有在這種社會裏，農民才能享受自由戀愛的正當權利）。謳歌農民的勝利（他們開始掌握自己的命運，懂得為更好的命運鬥爭）。謳歌農民中開明、進步的因素對愚昧落後、迷信等等因素的勝利。最後也是最關重要的，謳歌農民對封建惡霸勢力的勝利。」〔註9〕由於毛澤東的《講話》以及周揚的大力肯定，解放區文藝界對趙樹理小說創作由原來的否定逐漸轉為肯定。

正因為與《講話》精神的高度契合以及周揚的高度肯定，《小二黑結婚》不但得到了大量出版單行本，就是有些雜誌如《新文化》、《東北文化》等也不惜篇幅加以重新刊載〔註10〕。此外，關於《小二黑結婚》的鼓詞、評劇、歌劇等各種文學樣式的出版物也先後問世，趙樹理的文名不但在解放區，國統區都如雷貫耳。總之，1943年的《小二黑結婚》的問世，使趙樹理從默默無聞的文化宣傳者，一躍而成了家喻戶曉的作家。此後，隨著他的《李有才板話》、《李家莊的變遷》等作品的陸續問世，不但確立了他作為「農民作家」的身份，也讓趙樹理的小說從邊緣走向中心，成為貫徹《講話》精神的樣板。戴光中在《趙樹理傳》中寫道：「一九四三年，是趙樹理有生以來未曾有過的幸福之年，他在十年前立下的洪誓大願終於在這時實現，而且是出乎意料的成功。他自己也滿意地說道：『這一年可以說是我創作上豐收的一年。』」
〔註11〕

〔註 9〕周揚《論趙樹理的創作》，《解放日報》1946 年 8 月 26 日。
〔註10〕因難以找到《小二黑結婚》初版時宣傳廣告，此文文首的一段文字，就是編者在發表《小二黑結婚》時的編者按，權作為此小說的廣告文字輯錄在此。
〔註11〕戴光中《趙樹理傳》，第 155 頁，北京十月文藝出版社 1987 年版。

頗爲自謙的《灌木集》

開明文學新刊　灌木集　李廣田著　桂林開明書店 1944 年 2 月初版

　　這是李先生自選的散文集，不但自選，而且經過改正。他在序文裏說，「直到現在，我才知道自己能細心改正自己的文章，是一件有趣而又有意義的工作。」從這個話，可以見到作者的藝術良心，也可以見到收在集子裏的盡是精粹之作。題名「灌木」，那是作者的謙德，他把大文章比作喬木，而說「我這些小文章也不過是些叢雜的灌木罷了。灌木是矮矮的，生在地面，春來自榮，秋去自枯，沒有矗天的枝柯，也不會蔚爲豐林，自然也沒有棟梁舟車之材，甚至連一樹嘉蔭也沒有，更不必說什麼開花與結果。頂多，也不過在水邊，山崖，道旁，冢畔，作一種風景的點綴，可以讓倦飛的小鳥暫時棲息，給昆蟲們作爲住家而已。」就這幾句，便顯示出作者個人的風格。

廣告載復刊《中學生》第 183 期，1947 年 1 月

　　李廣田最先是以詩人的身份被文壇所知曉。1936 年 3 月，商務印書館出版了卞之琳、何其芳和李廣田三人的詩合集《漢園集》（收有卞之琳的《數行集》、李廣田的《行雲集》以及何其芳的《燕泥集》）。該書作爲文學研究會的創作叢書之一出版後，迅速在詩壇上引起很大的轟動並產生了深遠的影響。從此，漢園三詩人的名字便確立下來。但就李廣田來說，他一生寫得更多、成就更高的，還是散文。1935 年，李廣田從北大畢業之後，回濟南教書，創作重心轉向散文，陸續寫了大量散文！抗日戰爭之前，創作了 3 本散文集：《畫廊集》（商務印書館 1936 年 3 月初版）、《銀狐集》（上海文化生活出版社 1936 年 11 月初版，屬文學叢刊第三集）、《雀蓑記》（上海文化生活出版社 1939 年

5 月初版，屬文季叢書之四）。這些作品或回憶童年故鄉生活，或描寫倍受折磨、無路可走的人物，或抒發對黑暗現實的不滿和對光明前途的追求。文風樸實、自然、真摯，呈現出恬淡靜美的氣氛。抗日戰爭爆發以後，他流亡於西南各地，輾轉河南、湖北，到達四川，以流亡生活爲題材寫了《圈外》（重慶國民圖書出版社 1942 年 3 月初版）。1941 年到昆明西南聯大任教後，又出版了散文集《回聲》（桂林春潮社 1943 年 5 月初版，屬春潮社文學叢書之一。後又改名《西行記》，列爲工作文叢第一輯，由上海文化工作社於 1949 年 6 月重版）。隨著生活變遷和思想進步，他四十年代創作的《圈外》（1942）、《回聲》（1943）等散文集，與三十年代散文相比，視野較前開闊，題材也更爲多樣，靜美的氣氛漸爲戰鬥的鋒芒所代替。1944 年 2 月重慶開明書店出版的《灌木集》無疑是作家對自己十年來散文創作的一次階段性總結。

　　《灌木集》是作家的一本自選集，爲什麼取名「灌木」，作者在序中有交代：「我這些小文章也不過是些叢雜的灌木罷了。灌木是矮的，生在地面，春來自生，秋去自枯，沒有矗天的枝葉，也不會蔚爲豐林，自然也沒有棟梁舟車之材，甚至連一樹嘉蔭也沒有，更不必說什麼開花與結果。頂多，也不過在水邊，山崖，道旁，家畔，作爲一種風景的點綴，可以讓倦飛的小鳥暫時棲息，給昆蟲們作爲住家而已，我想，我這些文章也不過如此罷了，因名曰《灌木集》。」〔註1〕儘管葉聖陶在廣告詞（如上）中認爲題名「灌木」是作者的謙德，
但在抗戰之前，他的散文多以個人經歷、見聞爲中心，藝術地描繪了某些社會生活，向讀者展示了絢麗多姿的生活畫廊。而抗戰開始後，作者流亡於西南各地，這也使他有機會深入接觸了社會。在這國家危亡之際，個人的命運與國家、民族緊密聯繫在一起，促使作家思想發生了改變，把目光轉向了人民大眾，揭露社會黑暗，歌頌全民抗戰是作爲進步文人的共同選擇。編選《灌木集》既是作者對自己十年來散文創作的一次總結，也是對曾經的自己一種

〔註 1〕李廣田《〈灌木集〉序》，《灌木集》，桂林開明書店 1944 年版。

揚棄，取名「灌木」自然也是看到了自己以前的作品與當前的時代環境不協調。這與其說是作家的自謙，到不如說是作家對自己以前作品的一種反省。

《灌木集》中共有散文 36 篇，這些文章大多完全選自他已出版的《畫廊集》、《銀狐集》、《雀蓑集》、《圈外》五本散文集。具體情況如下：

《種菜將軍》、《夜店》、《棗》、《悲哀的玩具》、《雉》、《道旁的智慧》、《懷特及其自然史》共 7 篇選自《畫廊集》；

《平地城》、《桃園雜記》、《花鳥舅夜》、《老渡船》、《上馬石》、《柳葉桃》、《看坡人》、《扇子崖》共 8 篇選自《銀狐集》；

《井》、《馬蹄》、《樹》、《荷葉傘》、《綠》、《通草花》、《霧》、《山水》、《山之子》、《回聲》、《謝落》、《寶光》、《扇的故事》共 13 篇來自《雀蓑集》；

《威尼斯》、《冷水河》、《江邊夜話》三篇來自《圈外》；

《禮物》、《兩種念頭》、《悔》、《到橘子林去》、《一個畫家》五篇來自《回聲》。

作家從這五部散文集（共 95 篇）選出的散文眞可謂「取其精華，棄其糟粕」。這些散文寫作時間跨度近十年，是作家十年來散文創作的一次總結。作者在序裏也交代了爲何要編這本選集：「由於近來興趣的轉移，雖然仍舊繼續寫作，但像過去這樣的文章恐怕不會再有，年齡的增長，生活的變化，在在都使一個人風格改變，時間過得眞快，計算起來，我已經有將近十年的習作過程，爲了要把這一個段落小小結束，我編成這個選集。」〔註2〕從篇目上看，選入抗戰前所寫的散文篇目數量最多，有 28 篇。抗戰後到 1943 年間的散文只選了 8 篇。可見，作者還對抗戰前寫的散文更爲傾心。

不但精選了篇目，作者也利用自選的機會，對所選的文章進行了修改。作者也在序中有了交代：「直到現在，我才知道自己能細心改正自己的文章是一件有趣而又有意義的工作。不但目前剛剛寫成的作品要細心改正，即當重讀舊作而發現當年所寫那些繁冗蕪蔓之處的時候，也不能不像批改學生文卷似地大事裁汰。在這個選集中，雖然有些文章選入了，其中經過改正的卻也不少。是由於這個選集，才使我有一次『改過』的機會。」〔註3〕以現在之我

〔註 2〕李廣田《〈灌木集〉序》，《灌木集》，桂林開明書店 1944 年版。
〔註 3〕李廣田《〈灌木集〉序》，《灌木集》，桂林開明書店 1944 年版。

看過去之我，肯定會發現過去自己存在不足，文章也一樣，李廣田卻也在一些篇目上進行了「改過」。如《種菜將軍》一文，作家就修改了四處：一處是第三自然段中「但從最初的記憶起，就知道是一個極勇敢的軍人」改爲「但從最初的記憶起，就知道是一個極忠厚、極勇敢的軍人」。二處是第三自然段在「自己十幾歲時，住在鄉間」前增加了「自始自終也不過一個鄉間的民團團長而已」一句。三處在第五自然段第一句「鄉下人也總喜歡講這些，總愛把伏波將軍家道的興衰當故事來講論」改爲「鄉下人也總喜歡講這些，總愛把伏波將軍的爲人當故事來講論」。第四處在文末「××省××縣伏波穆將軍」改爲「××省××縣××團團長伏波穆將軍」。總體上看，作家修改後的文章語言上更流暢，細節更眞實，藝術上更爲完善。

　　從所選篇目的內容上看，取材廣泛，落魄的民團團長，賓至如歸的村野小店，養大卻獨自飛走的野鳥，永遠童眞的花鳥舅爺，深夜撫琴的外祖父，有四個兒子卻總覺無家可歸的朱老太，從作者刻畫的這若干形象中，能夠很眞實的感受到當時人民的生存環境與狀況。其中不少篇什寫故鄉山東的風土人情。作者曾說：「我對於故鄉的事情最不能忘懷，那裡的風景人物，風俗人情，固然使我時懷懷戀念，就是一草一木，也彷彿繫住了我的靈魂。」〔註4〕故鄉的風物、人情在他頭腦中留下了深刻、美好的印象，這些回憶故鄉風物的篇什文筆疏朗，色彩明麗，引人入勝。寫知識分子和勞動人民的篇什，咀嚼著人生的悲苦，在娓娓道來的故事中，流瀉出眞摯的感情。代表作《山之子》以泰山爲背景，寫一個啞巴爲養活全家老少而在通向死亡的道路上艱韌地掙扎，寄寓作者對勞動者原始力量的讚頌。《馬蹄》抒寫「我」（知識分子）在黑暗中策騎登馬，表現出對光明前途的探索、追求。作家也是描寫風景的能手，如在《桃園雜記》對充滿詩情畫意的桃園景色的描繪，使人對流連忘返。馮至說李廣田的散文：「自稱寫的範圍狹窄，實際卻越寫越廣闊，自稱平淡無奇，實際卻有時使讀者驚心動魄；自稱他的作品有如『叢雜的灌木』，實際卻蔚然成林，……每篇有每篇的特點，很少雷同，而文筆日益精鍊，思想日益深刻。」〔註5〕作家自己曾說：「好的散文，它的本質是散的，但也須具有詩的圓滿，完整如珍珠，也具有小說的嚴密，緊湊如建築。」〔註6〕《灌木集》中的作品在一定程度上是達到了這個高標準要求，從平凡的人事中提煉素材，耐人尋味，行文曲折委婉，在看似散漫的行文中最後終能圓滿收束，使全文成一整體。

〔註4〕李廣田《雀蓑記》，《李廣田散文》（一），第246頁，中國廣播電視出版社1994年版。

〔註5〕馮至《〈李廣田文集〉序》，李岫 編《李廣田研究資料》，第62頁，寧夏人民出版社1985年版。

〔註6〕李廣田《談散文（二）》，《李廣田散文》（二），第371頁，中國廣播電視出版社1994年版。

《傳奇》的問世及增訂

傳奇　張愛玲小說集　本社出版　不日發行

內有精彩小說十篇：《金鎖記》，《沉香屑　第一爐香》，《沉香屑　第二爐香》，《琉璃瓦》、《傾城之戀》，《茉莉香片》、《心經》，《年輕的時候》，《花凋》，《封鎖》。每冊售二百元。

廣告載《雜誌》第 13 卷第 5 期，1944 年 8 月 10 日

傳奇　張愛玲小說集　最新出版　售二百元

張愛玲女士為近年馳譽文壇的新作家，所撰小說，有獨特之作風，情文並茂，極受讀者歡迎，茲經本社商請張女士自選其得意之作：《金鎖記》，《沉香屑　第一爐香》，《沉香屑　第二爐香》，《琉璃瓦》、《傾城之戀》，《茉莉香片》、《心經》，《年輕的時候》，《花凋》，《封鎖》等十篇，都二十四萬言，結成專集，題名《傳奇》，並由作者裝幀，親筆簽名，以留紀念，每冊三百餘頁，售二百元，各書局報攤均代售，街燈書報社總經售。

廣告載《雜誌》第 13 卷第 6 期，1944 年 9 月 10 日

傳奇　張愛玲小說集　再版出售　售二百元

張愛玲女士為近年馳譽文壇的新作家，所撰小說，有獨特之作風，情文並茂，極受讀者歡迎，本社為其自選小說集，計《金鎖記》，《沉香屑　第一爐香》，《沉香屑　第二爐香》，《琉璃瓦》、《傾城之戀》，《茉莉香片》、《心經》，《年輕的時候》，《花凋》，《封鎖》等十篇，都二十四萬言。初版出售不到五日，即已售罄，創出版界之新紀錄，茲再版出售，每冊三百餘頁，售二百元，各

書局報攤均代售，街燈書報社總經售，雜誌社發行。

廣告載《雜誌》第 14 卷第 1 期，1944 年 10 月

《傳奇》增訂本　張愛玲著　厚厚一冊　五十萬言

近年出版界之寶貴收穫　小說體裁　別出機杼　一字一句　俱見功力
存書無多　每冊僅售九千元

目錄：

（一）留情　　　　（二）紅鸞禧　　　　（三）紅玫瑰與白玫瑰　　　（四）等
（五）桂花蒸阿小悲秋　（六）金鎖記　（七）傾城之戀　　　（八）茉莉香片
（九）沉香屑：第一爐香　（十）沉香屑：第二爐香　（十一）琉璃瓦　（十二）心經
（十三）年青的時候　　（十四）花凋　　　（十五）封鎖　　　（十六）中國的日夜

刊行者：山河圖書公司上海黃河路二十一號
總經售：百新書店總店：上海四馬路分店：棋盤街
總經銷：中國圖書雜誌公司上海福州路三八四弄四號

廣告載《大家》第 1 卷 2 期，1947 年 5 月 1 日

1943 年四月一個春寒料峭的下午，時年 23 歲的張愛玲用紙包著兩部書稿，拿著黃園主人岳淵老人的介紹信，登門拜訪了《紫羅蘭》的主編周瘦鵑，周熱情地接待了她，並連夜閱讀了她的這兩篇小說。「當夜我就在燈下讀起她的《沉香屑》來，一壁讀，一壁擊節，覺得它的風格很像英國名作 Somerset Maughm 的作品，而又受一些《紅樓夢》的影響，不管別人讀了如何，而我卻是『深喜之』了。」〔註1〕一周後，張愛玲又來拜訪周瘦鵑，周對其作品很滿意，並徵求張的意見是否願意在《紫羅蘭》創刊號上發表，張愛玲自然是求之不得。這樣，在 1943 年的 5、6 月，《紫羅蘭》連續刊載出《沉香屑 第一爐香》和《沉香屑 第二爐香》，一顆耀眼的明星，出現在上海文壇，開始了她的作家生涯。

由於其作品不帶政治傾向，而且表現出較高的藝術水準。張愛玲自然容易成為許多刊物的索稿對象。1943 年 7 月的一天，《萬象》雜誌主編柯靈主動約請張愛玲為刊物寫稿。柯靈在《遙寄張愛玲》中寫道：「我就在這間家庭式的廂房裏，榮幸地接見了這位初露鋒芒的女作家」。她「脅下夾著一個報紙包，

〔註 1〕周瘦鵑《寫在〈紫羅蘭〉前頭》，《張愛玲評說六十年》，第 22 頁，中國華僑
　　　　出版社 2001 年版。

說有一篇稿紙要我看看，那就是隨後發表在《萬象》上的小說《心經》，還附有她手繪插圖。……我誠懇地希望她經常爲《萬象》寫稿。」〔註2〕當時上海最著名的《雜誌》也開始向她索稿，由於《雜誌》是一家具有特殊政治背景和堅挺的後臺支撐，它在上海淪陷區是作爲一種官方性的通俗刊物，實力遠在《紫羅蘭》等刊物之上。張愛玲本人有強烈的成名欲，故兩者一拍即合。就這樣，顧不得保持任何的低調，張愛玲的作品大張旗鼓地出現在各種通俗雜誌上。自從5、6月份初登上上海文壇後，在短短半年時間裏，接連一口氣發表了十幾篇作品。事實上，她確實達到了一舉成名的目標，好好地享受了從默默無聞到大紅大紫的快樂。

張愛玲的作品源源不斷地在《紫羅蘭》、《萬象》、《雜誌》面世後，很快在文壇產生了轟動效應，而精選彙集這一段時間的作品出單行本自然也是應有之義。早在 1943 年 8 月，張愛玲就開始謀劃出版小說集，《雜誌》1943 年第 8 期的《文化報導》就報導了「張愛玲之《香港傳奇》短篇小說集，將由中央書店出版」〔註3〕的消息。但是，由於張愛玲對自己的小說集提出了較爲苛刻的條件，如要求出版方包銷一萬冊或八千冊，先抽版稅一次預付等。中央書店老闆平襟亞覺得無利可圖，只得將書稿退給張愛玲。而《雜誌》則答應了張愛玲的一切要求，小說集就這樣歸爲上海雜誌社出版。

作爲自己的第一本小說集，張愛玲自愛十分用心。在篇目上悉心選擇，只選取了已經見刊的中短篇小說十篇，具體排列順序如下：

收錄順序	篇名	發表刊物	發表時間
1	金鎖記	《雜誌》第 12 卷第 2 期	1943 年 11 月
2	傾城之戀	《雜誌》第 11 卷第 6 期	1943 年 9 月
3	茉莉香片	《雜誌》第 11 卷第 4 期	1943 年 7 月
4	沉香屑 第一爐香	《紫羅蘭》第 1 卷第 1 期	1943 年 4 月
5	沉香屑 第二爐香	《紫羅蘭》第 1 卷第 2 期	1943 年 6 月
6	琉璃瓦	《萬象》第 5 期	1943 年 11 月
7	心經	《萬象》第 2、3 期	1943 年 8、9 月
8	年輕的時候	《天地》第 5 期	1944 年 2 月
9	花凋	《雜誌》第 12 卷第 6 期	1944 年 3 月

〔註2〕柯靈《遙寄張愛玲》，《張愛玲評說六十年》中國華僑出版社 2001 年版。
〔註3〕《文化報導》，《雜誌》第 11 卷第 5 期，1943 年 8 月 10 日。

| 10 | 封鎖 | 《天地》第 2 期 | 1943 年 11 月 |

同時，從初刊本到初版本的過程中，張愛玲還對《金鎖記》、《傾城之戀》、《茉莉香片》、《年輕的時候》、《花凋》和《封鎖》6 篇小說原刊時的某些誤值進行了糾正。而對《沉香屑 第一爐香》、《沉香屑 第二爐香》、《琉璃瓦》和《心經》4 篇做了修改，儘管大多是對個別字詞句的增刪調換，對作品整體的語義系統和藝術系統沒有帶來影響，但修改後使作品的語言更爲流暢，準確，藝術表現更加完美。裝幀方面由張愛玲親自設計，開本爲 14×16.5cm 的異型開本，在現代小說集中極爲罕見。封面、封底和書脊清一色的孔雀藍，連書頂都塗上了孔雀藍。封面左半部分「傳奇張愛玲著」六個黑色隸書大字，十分醒目。除此之外，《傳奇》初版本的版式也很獨特，無扉頁和環襯，「目錄」印在第一頁反面，第一頁正面正中印有孔雀藍色的兩排豎行字：「書名叫傳奇，目的是在傳奇裏面尋找普通人，在普通人裏尋找傳奇。」，「目錄」之後有一插頁，是張愛玲的大幅玉照。正文前後無序跋文字。1944 年 8 月 15 日，這本經過張愛玲精心打造的《傳奇》初版本正式與讀者見面。

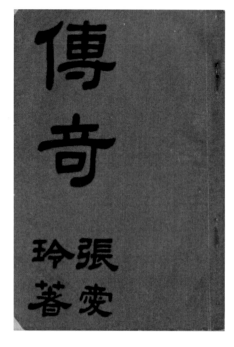 

爲了給文壇造成轟動效應，《雜誌》社在 1944 年 6 月就開始爲這本小說集展開了宣傳攻勢。在《雜誌》第 13 卷第 3 期（1944 年 6 月 10 日）的「文

化報導」中就提前為該小說集作了介紹：「張愛玲創作集《傳奇》，收中短篇小說十篇，由本社刊行，內容豐富。」在 8 月出版的《雜誌》上又首次刊登該小說集的廣告（見上引），另在本期的「文化報導」欄中又披露：「張愛玲小說集《傳奇》也已出版，計集近作中短篇小說十種而成，都三百餘頁，內容甚為精彩，並由作者裝幀，售價二百元，由本社發行。」8 月 15 日，《傳奇》面世，為了增加讀者購讀的興趣，張愛玲還在一部分書上的照片右下角留下了她的英文簽名，用藍黑鋼筆斜署：「Eileen」。20 日，萬冊《傳奇》就搶售一空。8 月 26 日，《雜誌》社又專為張愛玲舉辦了「《傳奇》集評茶會」，邀請了當時上海的一些知名作家、編輯如谷正、炎櫻、陶亢德、錢公俠、譚正璧、蘇青等 14 人，與會者對本小說集各個方面加以分析評論，對張愛玲的寫作水平極為讚賞。在 9 月的《雜誌》上不但有《傳奇》的大幅出版廣告（見上引），還有以《〈傳奇〉集評茶會》為名對本次活動進行了全面報導。9 月 25 日，《傳奇》再版，10 月的《雜誌》也及時刊登出了再版廣告。

在張愛玲問鼎文壇之後，文壇對她的出現頗為驚喜，大量溢美之詞的吹捧自然使張愛玲十分受用，從而使張愛玲自信心頗為爆棚，但《連環套》的出現，她的小說創作卻「誤入歧途」，追求一種近乎苟全性命於亂世，但求個人現世安穩的人生觀。這使得一些文壇前輩頗為惋惜。出於愛惜人才的目的，傅雷在 1944 年 4 月專門寫了《論張愛玲的小說》，對張的小說創作給予了深刻而中肯的批評。首先，他對《金鎖記》給予了高度評價，「毫無疑問，《金鎖記》是張女士截止目前為止的最完滿之作，……至少也該列為我們文壇最美的收穫之一。」，但是，正因為《金鎖記》已達很高的藝術水平，傅雷才對剛發表的《連環套》進行了嚴厲的批評，「《連環套》的主要弊病是內容的貧乏」、「錯失了最有意義的主題，丟開了作者最擅長的心理刻畫，單憑著豐富的想像，逞著一支流轉如踢躂舞似的的筆，不知不覺走上了純粹趣味的路。」、「人物的缺少真實性，全都彌漫著惡俗的漫話氣息。」、「風格也從沒像在《連環套》中那樣自貶得厲害。節奏，風味，品格，全不講了。措詞用語，處處顯出『信筆由之』的神氣，甚至往腐化的路上走。」在結論部分，傅雷對張愛玲提出了兩條忠告和三條警告。最後，他還對張愛玲給予了勸告：「總而言之：才華最愛出賣人！像張女士般有多面的修養而能充分運用的作家（繪畫，音樂，歷史的運用，使她的問題特別富麗動人），……但若取悅大眾（或只是取悅自己來滿足技巧欲——因為作者可能謙抑說：我不過寫著玩兒）到寫日

報連載小說（Feuilleton）和所謂 Fiction 的地步那樣的倒車開下去，老實說，有些不堪設想。」〔註4〕

　　值此《傳奇》再版之際，張愛玲寫了《再版的話》，回應了傅雷的批評，她似乎對此不以爲然，在文中公開表白自己對成名的急切：「呵，出名要趁早呀！來得太晚的話，快樂也不那麼痛快，……所以更加要催：快！快！遲了來不及了，來不及了！個人即使等得及，時代是倉促的，已經在破壞中，還有更大的破壞要來。有一天我們的文明，不論是昇華還是浮華，都要成爲過去。」而對於傅雷希望張愛玲不要「取悅大眾而開倒車」的勸告，她沒有從正面回應，而是談及自己對於在上海已經過時了的蹦蹦戲的興趣，並不惜筆墨大大談戲的場面、人物扮相以及唱詞等。對於傅雷對《連環套》中女主人形象塑造的不滿，張愛玲在介紹開場的一場謀殺親夫的玩笑戲時，也表達了自己的主張：「荒蠻世界裏得勢的女人，其實並不是一般人幻想中的野玫瑰，燥烈的大黑眼睛，比男人還剛強，手裏一根馬鞭子，動不動抽人一下，那不過是城裏人需要新刺激編造出來的。將來的還原下，斷瓦頹垣裏，只有蹦蹦

戲花旦這樣的女人，她能夠夷然地活下去，在任何時代，任何社會裏，到處是她的家。」此外，由於再版本的封面改爲好友炎櫻重新設計，張愛玲在《再版的話》中對此有所描述：「像古綢緞上盤了深色雲頭，又像黑壓壓湧起了一個潮頭，輕輕落下許多嘈切嘁嚓的浪花。細看卻是小的玉連環，有的三三兩兩勾搭住了，解不開；有的單獨像月亮，自歸自圓了；有的兩個在一起，只淡淡地挨著一點，卻已經事過境遷——用來代表書中人相互間的關係，也沒有什麼不可以。」〔註5〕

　　抗戰勝利後，由於張愛玲在淪陷區時期的大紅大紫，以及與胡蘭成特殊的關係，她被當時社會輿論列爲「女漢奸」之流，上海的大刊小報對她的揭發批判連篇累牘，這對她造成了巨大的壓力，被迫擱筆一年多。幸好還有欣賞她的文壇中人對她伸出了援手，時任山河圖書公司老闆的龔之方建議張愛玲再版《傳奇》。爲了辯誣，張不但聽從了龔的提議，還決定出《傳奇》的增訂本。這次增訂也是張愛玲自己編排，校訂。篇目上，除了原來的十篇外，這次又增收了 5 篇，依次爲《留情》、《鴻鸞禧》、《紅玫瑰與白玫瑰》、《等》和《桂華蒸阿小悲秋》，這 5 篇排在初版 10 篇前面，原 10 篇舊作順序不變。同時，她還在增訂本前加了《有幾句話同讀者說》作爲序言，在書末增加了《中國的日夜》作爲跋。增訂本的封面再次換了新的，還是由好友炎櫻幫忙設計，借用了一張晚清的時裝仕女圖，畫著個女人幽幽地在那裡弄骨牌，旁邊坐著奶媽，抱著孩子，彷彿是晚飯後家常的一幕，可是欄杆外，很突兀地，有個比例不對的人形，像鬼魂出現似的，正好奇地孜孜往裏窺視。封面上的楷書書名「張愛玲：傳奇增訂本」由上海著名書法名家鄧糞翁（散木）撰寫。增訂本於 1946 年 11 月由山河圖書公司推出，書店還爲小說在文學雜誌《大家》上刊登了廣告（如上引）。

　　利用這次增訂的機會，除了初版時修改過的 4 篇外（《沉香屑 第一爐香》、《沉香屑 第二爐香》和《琉璃瓦》三篇在收入增訂本時，又有一些小的改動，但對文本的語義系統沒造成影響），張愛玲還對收入小說集的另外 11 篇進行了修改。如《封鎖》原刊本中的最後兩段文字在收入增訂本時刪去；《紅玫瑰與白玫瑰》中「說書人」逐漸隱去；《等》中把龐先生的推拿所這一具有隱喻意味的空間參差化，增加了大量表示時間錯綜的道具。《桂花蒸 阿小悲秋》、《花凋》、《留情》、《茉莉香片》這幾篇也作了較大的修改，導致其語義系統和藝

〔註 5〕張愛玲《再版的話》，《傳奇》，上海雜誌社 1944 年 9 月再版。

術系統發生了較大的變化。其餘的四篇《鴻鸞禧》、《金鎖記》、《傾城之戀》、《年青的時候》也有一些小的改動〔註6〕。總之，增訂本中對作品的修改，使作品現代化色彩增強，傳統文學的影響變弱。同時，在文本意蘊上，凸顯了對女性、婚姻以及生命等的反省與思考。在以後的再版以及重印中，張愛玲基本沒有再做改動，增訂本《傳奇》也成爲《傳奇》的經典版本。

除了打造《傳奇》的經典版本外，張愛玲還有一個重要的目的，即是爲自己辯誣。所以她寫下了《有幾句話同讀者說》，文章開頭就說：「我自己從來沒想到需要辯白，但最近一年來常常被人議論到，似乎被列爲文化漢奸之一。自己也弄得莫名其妙，我所寫的文章從來沒有涉及政治，也沒有拿過任何津貼。」對於對她個人私生活的攻擊，她回應中頗感委屈：「至於還有許多無稽的謾罵，甚而涉及我的私生活，可以辯駁之點本來非常多。而且即使有這種事實，也還牽涉不到我是否有漢奸的嫌疑，何況私人的事本來用不著向大眾剖白，除了對自己的家長之外彷彿我沒有解釋的義務，所以一直緘默著。」〔註7〕除了序言上的辯駁之外，張愛玲還特在文末以《中國的日夜》作爲跋，顯然她是有所用心的。這篇散文中包含兩首詩，一首叫《落葉的愛》，一首叫《中國的日夜》，兩首詩體現了個人對祖國的愛。這篇散文寫於抗戰勝利之後的 1945 年冬，「戰後的張愛玲寫這些，顯然是帶有『補白』意味的自我修飾——補充表白其原本缺乏的『中國意識』，以緩解人們對她在淪陷時期間的人生行爲和文學行爲的批評。」〔註8〕

〔註6〕詳細的修改及闡釋可參考周雲龍的碩士論文《〈傳奇〉（增訂本）篇目修改校評：原刊本與定本》（2007 年度）。

〔註7〕張愛玲《有幾句話同讀者說》，《傳奇》（增訂本），上海山河圖書公司 1946 年版。

〔註8〕解志熙《走向妥協的人與文——張愛玲在抗戰末期的文學行爲分析》，《文學評論》2009 年第 2 期。

巴金的《人間三部曲》

憩園　巴金著　重慶文化生活出版社 1944 年 10 初版

　　這是作者最近完成的一部長篇，在這長篇裏，作者似乎更往前走了一步，往人心深處走了一步。這裡沒有太多的激動，使你哭我笑，然而更深的同情卻抓住你我。我們且記著作者往日說過：他在發掘人性。我們也許可以讀到憤怒，但決沒有悲哀。該死的已經死了。愛沒有死，死完成了愛。全書十餘萬字，定價六元。

廣告載《文藝復興》創刊號，1946 年 1 月

第四病室 全書一厚冊 約計四百頁，上海良友復興圖書印刷公司
1946 年 1 月初版

　　這是一部病中日記，寫一個病人在內地某醫院中所過十天中的病院生活。他在這個人類在受苦，掙扎，死亡的暗角里發見偉大的友情：友情不但在這裡生長，而且把陰暗的病室都照亮了。作者用了一種新穎的手法安排故事：對話生動簡潔，人物描寫深刻。長二十萬字，是作者最近的精心傑構。

廣告載《觀察》第 1 卷 5 期，1946 年 9 月 28 日

寒夜　全書一厚冊　約三百餘頁　上海晨光出版公司 1947 年 3 月初版

　　這是作者最近脫稿的長篇小說，曾在上海的《文藝復興》月刊連續刊載，獲得讀者的好評。作者用樸素無華的筆寫一兩個渺小的渺小生活，這裡沒有驚天動地的聖功偉業，也沒有仁人志士的壯烈犧牲，有的只是一些平凡的願望，痛苦與哀愁。看慣了熱鬧場面的人，不妨到這個冷僻的角落來聽一個「落魄」的讀書人的申訴。書已付印，一月內出版。

廣告載《觀察》第 1 卷 5 期，1946 年 9 月 28 日

　　巴金喜歡以三部曲的形式創作長篇小說，除了《激流三部曲》、《愛情三部曲》和《火》三部曲之外，文學史家把他創作於四十年代的三部長篇小說《憩園》、《第四病室》、《寒夜》合稱爲《人間三部曲》。這也是巴金小說創作風格轉變後的作品。在這三部小說中，明顯地體現出巴金創作的新趨向：一是對「家庭」觀念的變化，如果說《激流三部曲》、《愛情三部曲》中，家庭還是專制的象徵，是作家批判的對象，而在《人間三部曲》中，「家庭」更是個體情感、生活的歸宿。二是作家重心在關注社會中的小人物，寫出了小人物的愛與恨。三是作家作品中體現出愈來愈明顯的人道主義思想，人類愛的思想在創作中表現得尤爲突出。

　　《憩園》寫戰時回到故鄉成都，作家（「我」）寓居友人的新置館邸憩園寫作。在那裡他發現《憩園》主人夫婦有內憂，新婚的女主人，受前妻留下獨生子小虎的困擾，前妻娘家是巨富，他們有意無意利用小虎折磨續弦的後母。隨後他又發現憩園舊主人的悲劇，他因一椿婚外愛情，被長子和愛妻逐離家庭流落破廟中，可是愛他的小兒子則與他保持神秘的往來，並且常到憩園折花安慰他父親。全書僅十二萬字，把住憩園的兩家人所發生的各種故事，時而交叉，時而分離，處理得十分緊密。正如廣告文字所說，作者試圖往人性深處開掘。楊夢癡，這位舊公館的主人依靠祖傳的遺產，過著庸俗、懶散、奢侈的寄生生活，他喪失了起碼的謀生能力。最後被家人趕出家人，依靠偷竊爲生，結果在監獄中默默死去。而新主人姚國棟的兒子小虎還在重蹈覆轍，變成了蠻橫邪惡的紈綺子弟。這種長期寄生生活以及金錢的腐蝕，使得他們喪失了健康的人性，最後只有走上人性沉淪、毀滅的結局。這部作品既有歸家尋夢的哀傷情調，也有對人世變遷莫測的感慨。

該書問世之後，李長之最先作出了反應。他高度評價了巴金在該書中所表現出的熱情和悲憫，但也指出了該書的缺點：「它的內容猶如它的筆調，太輕易，太流暢，有些滑過的光景。缺的是曲折，是深，是含蓄。它讓讀者讀去，幾乎一無停留，一無鑽探，一無掩卷而思的崎嶇。再則他的小說中自我表現太多，多得使讀者厭倦，而達不到本來可能喚起共鳴的程度。」〔註1〕夏志清對《憩園》的評價幾乎全是貶低，認為是「人間三部曲」中最差的一個，「雖然小說顯示了作者新的成熟，文體卻像以往一樣的平淡，悲劇性的主題也沒有得到適當的發展。」〔註2〕但李廣田則認為巴金的《憩園》取得了很高的成就：「巴金的《憩園》是一本好書，在我所讀過的巴金作品中，我以為這是最好的一本。」〔註3〕司馬長風更是把《憩園》看作是中國現代小說的典範之作。「論謹嚴可與魯迅爭衡，論優美則可與沈從文競耀，論生動不讓老舍，論繾綣不下郁達夫，但是論藝術的節制和純粹，情節與角色，趣旨和技巧的均衡和諧，以及整個作品的晶瑩渾圓，從各個角度看都恰到好處，則遠超過諸人，可以說，卓然獨立，出類拔萃。」〔註4〕

1945年5月到7月，巴金在重慶完成了小說《第四病室》，這是一部日記體小說，其藝術風格在他的小說創作中頗為特殊。他嘗試用紀實形式，真實樸素地把生活寫出來。用日記體的手法寫了醫院的一個個生活片斷，寫了一些醫務人員的麻木和冷漠，也寫了病人之間、病人和親屬的種種不幸和痛苦，自私和虛偽，為那些卑微的小人物的生存狀況所作的不平的呼喊。他說，寫這本小說，是在做「發掘人心」的工作。

1944年5月、6月間，巴金住進貴陽中央醫院三等病房，他便以此為背景，虛構了一個姓陸的青年因病住進了國民黨政府開辦的醫院的第四病室，陸姓青年見到工人、農民、城市貧民在病室中一個接一個地死去。巴金曾說：「小小的第四病室就是我們這個社會的縮影」。〔註5〕小說就是一個年輕病人在當時一家公立醫院中寫的「病中日記」，是作者根據一部分真實的材料寫成的作品。「第四病室」是一間容納二十四張病床的病房，可以說是當時中國現

〔註1〕李長之《憩園》，《時與潮文藝》第4卷3期，1944年11月15日。
〔註2〕夏志清《中國現代小說史》，第246頁，復旦大學出版社2005年版。
〔註3〕轉引自司馬長風《中國新文學史》（下卷），第75頁，昭明出版社1980年版。
〔註4〕司馬長風《中國新文學史》（下卷），第75頁，昭明出版社1980年版。
〔註5〕巴金《談〈第四病室〉》，李存光編《巴金研究資料》（上），第429頁，知識產權出版社2010年版。

實社會的縮影。在病室裏病人怎樣受苦，怎樣死亡，在社會裏人們也同樣地受苦，同樣地死亡。

在這部小說中，巴金直接爲讀者展開了一幅社會底層的眾生病苦圖。在這個空氣污濁的三等病室裏，各種病員雜處，有人不斷地死去，有人又不斷地進來，他們缺錢少助，在這裡受著百般難忍的煎熬。他們的飲食便溺，都需要人照料，但工人老鄭卻因有人沒錢打點他便變得極爲冷漠。他的表現，與其說是國民性的頑疾，倒不如說是金錢銹蝕了心靈更爲準確。這篇小說用金錢正在支配人間關係的酷烈現實，張揚著對於人間情懷和人道主義的呼喚。小說中的楊大夫實爲人道主義的化身，她用女性特有的溫柔和對病人一視同仁的關愛，慰藉著所有的病員的心靈。小說開頭巴金給日記作者陸懷民的覆信中對楊大夫下落的種種猜想，正是在喻示著對人道主義情懷依然活著或「再生」的渴望。

《寒夜》是巴金解放前創作的最後一部長篇小說，最初動筆於 1944 年秋冬之際的重慶，1946 年底在上海完成，連載於 1946 年《文藝復興》第 2 卷第 1 至第 6 期。這部小說是巴金創作生涯中最後一部長篇小說，也是他後期創作的代表作。

　　小說主人公汪文宣和曾樹生是一對大學教育系畢業的夫婦。年輕時曾經編織過許多美麗的理想，希望能用自己的知識和力量辦一所「鄉村化、家庭化」的學堂，爲國家爲人民做點有益的事情。但抗戰爆發後，他們逃難到重慶，汪文宣在一家半官半商的圖書文具公司當校對，曾樹生在大川銀行當「花瓶」。汪文宣的母親爲了減輕兒子的生活負擔，趕來操持家務，但汪母與曾樹生婆媳關係不和，汪文宣夾在中間兩頭受氣，且又患上肺病，家庭經濟非常拮据。最後曾樹生跟隨銀行年輕的經理乘飛機去了蘭州，汪文宣在抗戰勝利的鞭炮聲中病死，汪母帶著孫子小宣回了昆明老家。兩個月後，曾樹生從蘭州回到重慶，但已物是人非，傷感不已。作者真實地對小人物的生存困境加以揭示，揭露了病態社會的黑暗腐敗，爲那些在黑暗中掙扎的小人物喊出了痛苦的呼聲。

　　小說成功地塑造了汪文宣、曾樹生、汪母這三個人物形象，深刻地寫出了抗戰時期勤懇、忠厚、善良的小知識分子的命運。汪文宣，他曾有自己的理想，但在艱難的現實逼迫下，他變成一個善良、膽小、軟弱的小公務員，他卑微的願望是掙一口飯吃，一家人能和睦地活下去，他無力解決婆媳之間的矛盾，也無力抵抗社會對他的經濟、精神的壓迫，在抗戰勝利消息傳來之際，滿懷怨憤死去。作爲汪的妻子曾樹聲，年輕美麗，思想開放，有充沛的活力，她本也有自己的理想，但在現實面前，她被迫屈服。在家裏，他愛丈夫、孩子，但始終與婆婆之間的關係處理不好，她不能拯救他人，只有先救出自己。最後，她抗拒不了銀行陳主任的誘惑，決定離開丈夫、兒子而隨陳主任去蘭州。汪母是一個思想守舊的老太婆，他愛自己的兒子、孫子，而對兒媳始終處於高度的警戒態度，她看不慣兒媳在外面所幹的工作，但自己又喪失了外出掙錢養活家人的能力，汪母對曾樹聲的敵視，是曾樹聲終於決定離開的重要誘因。當兒媳出走、兒子死去之後，汪母只得帶著孫子孤苦伶仃地回老家。

　　《寒夜》代表了巴金在小說寫作上的最高藝術成就，尤其是在心理描寫上達到很高的境界。如果說，巴金在早期作品裏常常直接向讀者一瀉無餘地傾吐其奔放熱情的話，那麼，在後期作品中，他則是通過對人物內心世界的描寫來表現人物豐富而複雜的情感。巴金在小說中緊扣人物的獨特個性，較多地採用了心理分析的方法來揭示人物的內心矛盾，充分發掘和描寫了人物內心情感的豐富性和深刻性，尤其是常常抓住人物內心世界中兩種對立的因素，從動態中

加以剖析，寫出它們的起伏消長。例如，對曾樹生在赴蘭州前夕內心「去」與「不去」兩種心理因素，作者就寫得真實、細膩、深刻，通過對人物內心兩種心理因素反覆碰撞的描寫，把人物內心的痛苦表現得非常感人。

臧克家《十年詩選》的編選與出版

十年詩選　　臧克家著　　現代出版社 1944 年 12 月初版
　　　　甲種紙百五十元　　　　　　乙種紙百元

　　臧克家先生在中國詩壇上的地位，是無須介紹的了。他從刊印《烙印》到現在恰恰十年，這本詩便是他十年來詩作的精選集，讀了這本詩不但可以完全窺到詩人風格與人格，也無異讀了他的全部著作了。這是他親手經過許久才成的定本，書前並冠有將近萬言的長序，敘述他過去創作的情形。故這又不啻他過去十年創作的總結。

廣告載《新華日報》1945 年 2 月 24 日

　　作者爲當代詩壇重鎮，創作態度嚴肅，精神充沛，十餘年如一日。出版詩集，多至十餘種，爲千萬讀者所喜愛。本書是作者親手從許多短詩集裏一挑二別精選出來的。臧先生短詩的精華，完全包括在這裏面了。書前有作者萬言長序，可幫助讀者瞭解臧先生的生活、人格、一直到作品。星群總經售定價四元

廣告載《詩創造》第 8 期，1948 年 2 月

　　1943 年 7 月，姚雪垠、田仲濟和沉櫻在重慶創辦了一家主要出版文藝書籍的出版社——現代出版社，地址設在重慶通遠門金湯街 12 號。在姚雪垠的提議下，出版社決定出版一套文藝叢書——現代文藝叢書。由於臧克家與姚雪垠同住在張家花園六十五號中華全國文藝界抗敵協會，甚至還「和姚雪垠同志在這裏（指張家花園六十五號中華全國文藝界抗敵協會）連床而眠」

〔註 1〕了大半年時間。當他們辦的的出版社要策劃出版叢書，自然想到了要拉這位享譽新詩壇的著名詩人入夥以造聲勢。作為對這家小出版社的支持，臧克家也爽快地答應選編一本詩集加盟。

應該說，編選這本詩集，臧克家不但是為了迎接自己 40 歲生辰，也是對自己寫詩歷程的一種回顧和總結。「40 歲，才知道用靈魂的眼睛重新去看——看宇宙，看人生，看自己的過去和未來。」〔註 2〕從 1933 年自費印行詩集《烙印》開始，截止到 1943 年出版《國旗飄在鴉雀尖》，臧克家在十年間，總共印行了 13 本詩集，碩果可謂豐富。但是，要從這些已經問世的詩作中選出數十首詩歌作為自己最為滿意、最能體現個人藝術旨趣的作品，這真是非常困難。詩人曾記錄下了這一艱難的抉擇過程：

> 選詩，太長的有困難，所以《自己的寫照》，《淮上吟》，《向祖國》，《古樹的花朵》，《感情的野馬》，只好踢開。從八本短詩裏，我挑過來，挑過去，用了沙裏揀金的心情和耐性一遍又一遍的挑選。把根本看不上眼的丟在一旁（詩篇呵，你不能抱怨我，我以鐵面對著你們，跳不過詩的龍門，只好怨自己的拙劣了。）把有希望入選的題額上粘一張張小條，上面標著：「選」，「擬選」，「？」，三等。然後，再反復咀味，斟酌，象一個嚴明的審判官判定一件重要的案子，我怕自己的詩篇，有的僥倖，有的冤枉。反復，猶豫，翻案，經過了劇烈的鬥爭，在優勝者的頭頂上，我點狀元似地畫一個紅圈。這樣，我還怕偏愛，私見隱伏在眼裏，我還怕有些篇什以歷史的因緣與情感攀我，誘我，媚我，賄我。我又用藍鉛筆在另一些詩篇上打了記號。

為了慎重起見，臧克家還請吳組緗、李長之兩位朋友對選詩的篇目提出了意見。吳組緗寫作態度嚴肅，對別人的作品要求也極嚴，所以吳的選詩建議對詩人是個極重要的參考。李長之是詩人中學同學，他花了許多精力和時間，還在每首詩前加以標注「必選」、「可選」、「可不選」等。以致詩人在 80 年代回憶編選《十年詩選》時還特地對他們表示了感謝，「這兩位朋友的意見，對我的幫助很大，他們對讀者負責，也對作者負責，這種友情，這種嚴肅的工作態度，實在令我感謝，也深深感動。」〔註3〕最後，經過臧克家本人的仔

〔註 1〕臧克家《逝水落華集》，第 165 頁，黑龍江人民出版社 1998 年版。
〔註 2〕臧克家《〈十年詩選〉序》，《十年詩選》，重慶現代出版社 1944 年版。
〔註 3〕臧克家《逝水落華集》，第 179 頁，哈爾濱：黑龍江人民出版社 1998 年版。

細斟酌以及參考兩位好友的意見，共選出了《難民》、《憂患》、《希望》、《烙印》、《不久有那麼一天》、《老哥哥》、《當爐女》、《罪惡的黑手》、《窗子》、《拍》等共計 70 首短詩，篇幅共 163 頁。

如果篇目的確定可謂精挑細選，那麼作者寫的序言也頗花了詩人不少的心血。此序言長達萬言，所占篇幅長達 16 頁，主要對自己近 20 餘年的詩歌創作道路進行了回顧與總結。「檢選十年來的詩作，不管用什麼尺度，總帶點衡量，結束，也就是『蓋棺論定』過去，爲未來的詩的生命作一個遠矚呢。」〔註 4〕詩人堅持「詩是離不開生活的，想瞭解（不是誤解或曲解）一個人的詩，必須先挖掘他的生活」的詩歌創作主張。由於詩人生於窮鄉，長於窮鄉，所以接觸的全是頂著農奴命運的忠實淳樸的農民，看他們生長在泥土裏，工作在泥土裏，埋葬在泥土裏，他就在這樣的鄉村裏，從農民的饑餓大隊中，從大自然的景色中，長成的一個泥土的詩人。正因爲詩人對農村、農民以及鄉村生活等的熱愛，「把整顆心，全個愛，交給了鄉村，農民」。所以，他寫出

〔註 4〕臧克家《〈十年詩選〉序》，《十年詩選》，重慶現代出版社 1944 年版。

了《泥土的歌》、《村夜》、《場園上的夏夜》等詩篇。但處在新舊交替蛻變的封建農村，他接觸到更多的還是悲劇性的農民，暴露封建鄉村的罪惡，寫出封建農民的悲慘命運，如《老哥哥》、《神女》、《希望》、《老馬》等。除了堅持從生活中獲取詩之外，詩人在詩藝追上還堅持真實的創作原則，「真實才可以持久，一個作品真實的生命，可以常年光輝，經久不老」。正因為作者具有廣闊農村的生活經驗，寫詩時把整個靈魂注入其中，唱出了最真摯，最充沛，最豐盈的泥土之歌。所以，抗戰前的《烙印》選詩最多，而抗戰後的東西選入的則少得可憐。詩人反思自己的抗戰詩時，認為是自己沒能深入抗戰，沒有豐富的生活經驗所致。他的詩歌沒有熱情，是觀念的，口號的，在藝術上確實無多大可取之處。最後，詩人總結了自《烙印》詩集出版以來十年間的詩歌創作經驗：他受過聞一多的教益，受到過「新月派」的影響，但他依然循著自己的道路走，不被淹沒。在談到寫詩的要求時說：詩應凝練、謹嚴、含蓄、樸實、熱情，尋找思想和情感飽和交凝得焦點。在形式方面，是應該寫成詩，有自己的一個法則。儘管詩人認為自己的詩歌創作歷程非常窄小，但他還是對新詩的發展前途充滿信心，「只要向前走，生活的道路是長的，寬的，詩的道路也是。」序言於 1944 年 6 月 30 日寫於歌樂山中，隨後分別在成都、昆明、重慶的報刊上以顯著地位發表，在大後方引起了較大的反響，也為詩集起到了宣傳促銷的作用。

1944 年 12 月，《十年詩選》作為現代文藝叢書第一本出版（廣告見上），32 開五號宋體橫排，由於在重慶印行，只能有土紙印刷。字封面黑與綠色雙色印刷，「十年詩選」用大號美術黑字體，著者、叢書名以及出版社均為黑色印刷，單線和雙線的裝飾線以及右下角的兩枝花朵，則用綠色印刷，封面簡潔大方，極富有書卷氣。詩集出版後，好友吳組緗讀了數遍，特寫了一封信給臧克家，談了自己對該詩集的一些看法，誠懇卻又不乏尖銳。由於吳組緗也是農村出身，所以他最喜愛的還是哪些懷念農村生活的詩篇，認為這些詩寫得深刻、濃厚與親切，飽含情緒，詩中表現出哀憐與感傷的情素也能引起他的的共鳴。對於歌吟詩人個人生活情緒的作品，他也比較喜愛，認為這是從詩人靈魂的底裏呼喊出來的代表詩人性情的詩。對於詩集中的抗戰詩，他認為有概念化、教訓意味色彩，讀來也讓人寡味。儘管吳也特別欣賞詩人對字句的錘煉和推敲，但他卻從五個方面一一列舉了詩集中用字方面存在的瑕疵。此外，他還對個別詩題的不簡潔提出了修改意見，如可把《場園上的夏

夜》可改爲《場園》或《夏夜》,《歇午工》簡爲《歇午》等。〔註5〕稍後,勞辛也寫出了《十年詩選》的評論,他認爲詩人儘管感受到時代的悲傷,但沒有表現出時代的信仰和希望,詩人「像一般知識份子一樣陷於憂鬱與失望的泥淖裏,所以會在像『一二九』這樣一幅色彩鮮豔的時代畫面前收斂了自己的感情,在緬懷過去,在自我陶醉的情形下歎息自己生命的遭劫」。〔註6〕文章分以「戰爭進行曲」、「農村的風景畫」、「田園詩的情調」、「詩人的道路」四個小標題逐一進行評論。總的看來,作者對臧克家選入的詩作並不十分滿意,歌唱鬥爭的詩歌卻被逆流的黑手扼住了喉頭,反映抗戰幾年來農村的面目和性格還不大夠,未能深入農民們的生活的底深處,沒有反映出他們的鬥爭氣氛,寫作技巧上受舊詩次影響太深,喜歡用舊時代舊意義的辭彙來表現詩人的情感。但他看好詩人近來詩歌的創作,認爲有很大的轉變,「新作充滿了健康的色素和戰鬥的情感,而且無論題格的選擇與辭彙的運用方面都和從前有了顯著的區別。」〔註7〕

應該說,《十年詩選》基本上代表了詩人戰前時期和抗戰時期的主要創作傾向。詩篇內容上,基本包攬了詩人以現實主義爲原則而創作的優秀詩作。藝術上,也是詩人質樸凝練的語言,自然流暢的音韻和嚴密的結構以及含蓄深沉的情感等創作風格的總結。正如初版廣告所說「讀了這本詩不但可以完全窺到詩人風格與人格,也無異讀了他的全部著作了」。抗戰勝利後,田仲濟、姚雪垠等於 1946 年夏返回上海,現代出版社也遷往上海。1946 年 6 月,《十年詩選》在上海再版 2000 冊,以星群出版社爲總經售,並在《詩創造》上刊出了宣傳廣告(如上)。同年 11 月又第三次印刷。1949 年 3 月,又印行了第四版。

〔註5〕吳組緗《讀〈十年詩選〉》,《文哨》第 1 卷 1 期,1945 年 5 月 4 日。

〔註6〕勞辛《十年詩選》,《文藝復興》第 2 卷 5 期,1946 年 12 月 1 日。

〔註7〕勞辛《十年詩選》,《文藝復興》第 2 卷 5 期,1946 年 12 月 1 日。

吳祖光最滿意的《風雪夜歸人》

風雪夜歸人　吳祖光著　重慶開明書店 1945 年 9 月初版

　　《風雪夜歸人》這個五幕劇，作者吳祖光先生認爲是最滿意的一部。這因爲在這個劇本裏作者寫的是他最熟悉的事，是他最愛好的人；並且在這個劇本裏作者自己也參預了進去，隱藏在這個劇本的每一個角落裏。這個劇本裏作者寫一群不自覺的好人在現實的人生裏的形形色色，他們受屈辱，遭鄙視；他們貧苦，窮困……但是盡有些幫助朋友，幫助跟自己一樣受苦受難的朋友的。在卷首作者引用了安徒生的話：「高貴和光榮埋在塵埃裏，但眞理總有一天可以顯出的。」這個劇本雖說是個悲慘的的結尾，作者卻有眞理總有一天可以顯出的信心。

廣告載復刊《中學生》第 92 期，1945 年 10 月

吳祖光著　五幕悲劇　風雪夜歸人　出版！

　　本劇諷世貶俗，哀愁淒艷；敘一舊劇紅伶與一風塵女子的一段平凡的因緣。藉舊時代的社會群像描畫人的覺醒；於笙歌絲管，輕顰淺笑的底面，寫出世人體會不見的心酸與貧苦。纏綿悱惻，低徊嗚咽，深刻雋永，光彩逼人。在渝演出，闐傳遐邇，博得三載方得出版，必爲暢銷之書無疑。定價一百五十元。新聯出版公司印行。

廣告載 1945 年 1 月 12 日《新華日報》

　　《風雪夜歸人》是吳祖光寫於 1942 年的三幕劇，寫的是一個典型的「與抗戰無關」的故事，描寫了京戲名伶魏蓮生與官僚寵妾玉春追求「人應當把

自己當人」的理想殞滅的悲劇，尖銳地揭露貧富對立的社會。該劇以寫實主
義的手法表現了人性的覺醒，從而實現對於那個黑暗時代的批判。該劇完成
後，最先載於《戲劇月報》（重慶）創刊號、2 月號上。這個戲的名字，是引
自唐詩「日暮蒼山遠，天寒白屋貧。柴門聞吠犬，風雪夜歸人」的最後一句，
並以此構成了整個戲的意境。在這部戲中，吳祖光把筆觸對準了他自少年時
便非常熟悉的京劇藝人身上。整個劇本便是以魏蓮生和玉春兩人愛情的萌
芽、爆發、發展和失敗爲主線而展開的一個悲劇。作品的男主角魏蓮生，其
原型是吳祖光少年時代的藝人朋友劉盛蓮。他曾回憶與劉的交往：「我待他眞
好，我覺得這是我最好的朋友；我和他談天，我同他在北海划船，我把自己
最喜歡的小玩意兒都送給他，並且把他約到家裏來。」〔註1〕

　　正因爲如此，他才能把魏蓮生的形象塑造得有血有肉。蓮生雖紅極一時，
受到各種戲迷的捧場，但其實他在戲臺上儘管紅，在臺下可是個苦孩子。蓮
生的藝人世界和現實世界是不統一的，他生活在戲臺的幻象中。他出身於窮
苦的鐵匠家庭，卻不敢正視這一現實，在玉春面前竟承認自己是讀書人家出
身，蓮生的矛盾和他內心的複雜性借他在臺上臺下的言行對比得以展現，又
通過玉春的層層逼問被一一剖析，塑造了一個性格豐富的藝人形象。玉春這
一角色也很鮮明。她雖然貴爲法院院長蘇弘基的四姨太太，極受寵愛，但是
出身貧苦，被賣爲青樓女子，又被蘇弘基贖身的經歷使她對自己的眞實地位
有著清醒的認識——我就覺得我是天下頂可憐的頂可憐的人。其實就不能算
人，也正是因爲如此，她才能理解蓮生並因相同的命運而產生愛情。作者曾
說過：「向來我不願重讀自己寫過了的東西，那總會給我以無限的後悔與愧
作，然而今天我是多麼驚奇，重讀這部《風雪夜歸人》卻破題兒給了我前所
未有的親切的感覺；我驚奇於那些人物對我如此熟悉，有我，有你，有他，
竟是一些同我熟悉的人再現。」〔註2〕

　　劇作的結構極其勻稱有機，序幕和尾聲部分發生在同一時間和同一地點
（序幕是在蘇府的後花園，尾聲則在緊挨著花園的佛堂，即二十年前玉春的
「金房」，她和蓮生相會的地方）。這兩部分形成了整個戲的象徵性氣氛——風
雪夜歸人。在第一幕，所有人物紛紛登場，場面則錯落有致，後兩幕的情節，
都已埋好了伏線。不僅如此，劇本內部充滿了細微的對應，並衍生出豐富的

〔註 1〕吳祖光《記〈風雪夜歸人〉》，《風雪夜歸人》，上海開明書店 1944 年 4 月初版。
〔註 2〕吳祖光《記〈風雪夜歸人〉》，《風雪夜歸人》，上海開明書店 1944 年 4 月初版。

意味。如蓮生和他的同門師兄李蓉生，後者依稀成了他的影子、他的戲子生命的一種象徵——蓉生也曾紅極一時，有「神童」之譽，但因演戲時的意外事故不得不離開舞臺而導致命運陡轉，如今只能做蓮生的「跟包」。正如劇作家所說的：「請恕我的大膽與狂妄，這本戲裏沒有主角與非主角之分。所有人物，甚至於全場只叫了一句『媽』的二傻子，都是不可或缺的主角。我的原意是要寫一群『不自知』的好人和幾個『自知』的壞人在現實人生中的形形色色。」此外，作家在劇本中還有機地融進了傳統戲劇的內容：蘇家拜壽、蓮生唱《尼姑思凡》同「金房相會」主題，以及第三幕《紅拂傳》同「私奔」主題，形成了典型的「戲中戲」的互文效果。吳祖光的藝術涵養與才情同他純熟別致的京白結合起來，使《風雪夜歸人》成了一部詩情盎然的佳作。

　　這部戲劇寫作於作者寓居四川江安時期，因懷念北方及北方的朋友，想到寫一個有別於從前所寫的《鳳凰城》和《正氣歌》中的英雄，開始寫他自己他的朋友他所愛的和他所不會忘記的平凡的人和平凡的事。作者在《再記〈風雪夜歸人〉》中具體交代了該劇作的醞釀構思過程：

　　　　於是我常在想了，把那些模糊不清的意念從新刷洗清楚，把時
　　間同地點重新組織起來：我再藉重一點書，藉重一點人間的另一些
　　現實：再加上了我看到的，和我正在作的：我整整想了一年半，又
　　寫了八個月，才把這又一個習作寫完了。就是我借用了一句唐詩，
　　叫它作《風雪夜歸人》的。

　　《風雪夜歸人》發表和出版以及搬上舞臺後，在劇壇引起了較大的轟動，重慶、上海、成都的報刊上不斷有批評家對該劇加以評論。陳白塵在該劇連載時就對《風雪夜歸人》劇情進行了簡要地介紹和評論，他從社會階級對立的角度出發，認同劇作家在劇種所表達的看法，認為奴隸的牢獄之門，並沒有完全打開。所以風刮得還不夠！還不夠，雪也要下得更大才好……人間的罪惡多麼需要這無邊的風雪來洗刷啊！〔註 3〕著名文學批評家李健吾（劉西渭）則從藝術上對此劇給以好評，認為「《風雪夜歸人》的力量在含蓄，它的成功完全由於孕育。全戲正文只有三幕，前後共總四天，第一幕在戲園的後臺，第二幕在闊人的小樓，第三幕在戲子的家。序幕和尾聲發生在同一時間，全在二十二年後，前者在小樓外邊的花園，後者在小樓裏面，內外相映，前

〔註 3〕陳白塵《〈風雪夜歸人〉》，《社會服務周報》（重慶）第 3 期，1943 年 2 月 20
　　日。

後呼應，正文用倒敘手法，緊湊，貼切，蔚然成一有機的結構。這裡有窮人的哀愁，小人的得意，闊人的風雅，學子的荒嬉，而動人的更是傳奇的場面，同病相憐的會晤，命運的坎坷。」〔註4〕塞爾德在評論該劇時，在認同劉西渭對該劇的評價，又有自己的看法，他認為該劇文藝氣息太重，劇情的進展少起伏，作者注重的是那富於哲理的對白，這會讓普通觀眾感到沉悶。人物塑造方面，主要人物塑造並不成功，倒是次要人物顯得非常活躍。儘管故事與《秋海棠》大致相仿，但無論劇本與演出，水準都高過《秋海棠》，但奇怪的是，《風雪夜歸人》卻沒有《秋海棠》受歡迎！〔註5〕

與肯定該劇相反，否定貶低的評論也不少。在《女聲》上署名蘭的戲評中，對該劇的評價並不高，儘管作者在主題上同情該劇，但認為這個戲似乎並沒有獨特的性質，這個劇本似乎就是《秋海棠》的前半截。對於該劇的序幕，作者認為在劇本的編製上是必要的，但是由於編者在處理的鬆懈和不適當，似乎就變成不必要的了。〔註6〕紫劍的書評《《風雪夜歸人》》則頗嚴厲，

〔註4〕劉西渭《《風雪夜歸人》》，《萬象》第3卷4期（戲劇專號），1943年10月1日。
〔註5〕塞爾德《《風雪夜歸人》》，《文友》（上海）第2卷6期，1944年2月1日。
〔註6〕蘭《《風雪夜歸人》〈紅塵〉》，《女聲》（上海）第2卷10期，1994年2月。

他從四個方面對該劇進行了批評。第一，戲劇的主題是幾個概念拼湊起來的。第二，故事的結構也露出勉強硬湊的痕迹，特別是序幕完全沒有意思。第三，劇中情節也有說不通的地方。第四，作者對於人物個性的描寫都不能使之固定成型。〔註7〕若非在評論該劇時，認爲該劇主題不明。「全劇彷彿很難找出一個主題，讀完全劇，我們的感覺是茫茫然，她沒有告訴我們什麼，除了二十年中的一個小小的平凡故事以外。儘管劇作家著力於平凡的人事的描寫，但是他並沒有成功，按常情說，最平凡的也往往是最典型的。作者在《風雪夜歸人》中所描寫的人物，卻只有『平凡』，沒有『典型性格』。作者刻意欲寫平凡，只是他對現實發掘得不夠，觀察得不夠，因此所寫的不過是平凡，而非『典型的平凡』。對於男女主人公的結局，「我只覺得這個處理使全劇多了一點哀愁，可是也多了一點虛幻」。〔註8〕

本劇印行單行本時，竟然印行了三種初版本，一種是經李健吾先生經手，於 1944 年 4 月由上海開明書店初版；一種是重慶新聯出版公司 1944 年 10 月初版本（廣告見上引）；第三種是納入「開明文學新刊」叢書，由重慶開明書店 1945 年 9 月初版，上文的廣告文字就是葉聖陶先生爲重慶版《風雪夜歸人》所撰寫的宣傳文字。

〔註 7〕紫劍《〈風雪夜歸人〉》，《青年園地》（成都）第 1 卷 9 期，1945 年 9 月 30 日。
〔註 8〕若非《評〈風雪夜歸人〉》，《新學生》（上海）第 5 卷 6 期，1948 年 10 月 15 日。

茅盾的首次戲劇嘗試

清明前後　茅盾著　重慶開明書店 1945 年 10 月初版

　　這是茅盾先生第一個劇本，也是抗戰以來第一個用民族工業問題作題材的劇本。故事的背景是轟動山城、轟動了全國的黃金案，寫的是卷在這個事件當中的幾位「可敬的人」和兩三個可憐人。茅盾先生用他寫小說的那種細膩深刻的手法，把人物的性格刻畫得非常鮮明，又依照他一貫的寫作態度，把題材處理得又精細，又嚴肅。愛讀茅盾先生小說的一定歡迎這個劇本，歡迎他創作新道路上的第一個收穫。

廣告載 1945 年 10 月 10 日《新華日報》

　　1944 年 5 月，重慶國民黨政府舉辦所謂「法幣折合黃金存款」活動，詭稱以出售黃金收縮通貨。1945 年 3 月，財政部把黃金提價的密令泄露了出去，有關要員就乘機搶購，致使在提價前一日中國、中央兩銀行售出的黃金總數陡增一倍。於是全國輿論譁然。國民黨為了搪塞輿論，由監察院出面查賬，結果預知黃金漲價內情的達官貴人投機搶購無事，而幾個為生活所迫的銀行小職員卻只因幾兩黃金而坐牢。此即轟動一時的「黃金加價舞弊案」。此案發生後，茅盾看到報紙上關於此案的新聞報導後非常氣憤，他把報上關於此事的新聞剪下來，打算用個什麼方式寫成一天的紀錄片那樣的東西。他想到一些朋友向他建議：「你使槍使了這多年，也不過如此，何不換把刀來試試呢？」〔註1〕於是，他決定要把這件事情寫成劇本，試圖「通過這樁黃金舞弊案，揭

〔註 1〕茅盾《〈清明前後〉後記》，《清明前後》，重慶開明書店 1945 年版。

示官僚資本及其爪牙的卑鄙無恥，民族資本家的掙扎與幻滅，以及安分守己窮困潦倒的小職員又如何變成了替罪羊，從而向讀者展示出抗戰勝利前夕國民黨戰時首都的一幅社會縮影。」〔註2〕因此事發生在清明前後，故劇本以《清明前後》爲名。

由於這是茅盾第一次寫劇本，對劇本的寫作方法，還不夠清楚。所以，他先詳細寫了分幕大綱，足足寫了 27000 字。這個數字，已經相當於劇本字數的三分之一。同時，從寫大綱到完成初稿，他還請教了曹禺和吳祖光等戲劇界友人，得到了他們的悉心指點。作者在《後記》中也特別交代了寫作此劇的困境：「劇本的寫作方法，我還沒摸清楚，雖然將大綱請教了幾位朋友，並承他們悉心指示，可是正像人家把散文分行寫了便以爲是詩一樣，我把小說的對話部分加強了便亦自以爲是劇本了，而『說明』之多，亦充分指出了我之沒有辦法。」〔註3〕大概寫作半個月之後，這個劇本開始在重慶《大公晚報》的副刊《小公園》連載。剛寫完兩幕，8 月 14 日日本侵略軍宣佈無條件投降，這消息使他興奮，但他並未停筆。這樣，在抗戰勝利聲中，茅盾收穫了他畢生唯一的五幕劇。

該劇以黃金案爲背景，主要描寫了一個有愛國思想的民族工業家林永清及其妻子趙自芳。林永清精明強幹，自信自負，但在困難面前容易彷徨動搖，遊移苦悶；他的妻子趙自芳則剛強而又果斷，但不冷靜，常常動感情。林永清在妻子協助下把工廠從上海遷來重慶，在極艱難的條件下使工廠有所發展，但好景不長，面對國民黨的「統制、管制、官價、限價」和官僚資本的擠壓，資金周轉困難，被「乘抗戰風而騰達」的金澹庵之流誘入「黃金案」。最後使林永清痛苦地認識到：政治不民主，工業就沒有出路。而金澹庵、嚴幹臣等投機倒把、營私舞弊的罪行暴露後，卻把「秉性忠厚」只是爲生活所迫想賺幾兩黃金差價的小職員李勤拋出來，當了替罪羊；還逼瘋了李的妻子唐文君，他們自己卻逍遙法外。作者稱這部劇本反映的生活是「大時代的小插曲」，深刻地揭示了這個「小插曲」的豐富的歷史和社會內容，以犀利的筆鋒，刻畫了那些「專搶桌子底下的骨頭，舔刀口上鮮血的人們」的醜惡嘴臉。

在劇本寫作之初，中國藝術劇社就想把茅盾的劇本搬上舞臺。當劇本寫好三幕之後就被拿到劇社，準備開排。但是，當演員們認眞讀了劇本之後，

〔註2〕茅盾《我走過的道路》（下），第 548 頁，人民文學出版社 1997 版。
〔註3〕茅盾《〈清明前後〉後記》，《清明前後》，重慶開明書店 1945 年版。

許多演員陸續把劇本退了回來，大家都覺得茅盾的劇本既無他們所期望的心理描寫，甚至連一個可資炫耀的場面都沒有，儘管劇本有思想性和戰鬥性，但卻缺乏「表演的戲劇性」。劇社領導經過認眞考慮，還是決定按計劃開排，但調整了演員陣容。由趙丹擔任導演，朱今明出任舞臺監督，演員由王爲以、顧而己、秦怡、趙蘊如、孫堅白等組成。此外，對劇本內容進行了調整，把四、五幕調換，使全劇的高潮放在最後。同時，還對劇種人物金濟庵也進行了改動，一直不讓他出場，但又讓觀眾感到有他在幕後，直到全劇高潮時，才讓他出場亮相。1945 年 9 月 26 日，該劇在重慶正式首演，第一天的上座率只有六七成，但從第二天起，上座率逐漸高了起來。到了第四天，售票處已經排起了雙行的長隊。之後的幾日，場場爆滿，劇場內掌聲不斷。最後，周日不得不加演。原本認爲是失敗之作的劇本，一經上演，贏得了社會各階層的強烈興趣和共鳴。它不僅吸引了大量的重慶觀眾，還有從成都以至昆明趕來看戲的民族工商業者。一齣戲能收到如此深廣的社會效果，產生這麼強烈的反響，可謂相當成功。

　　劇作演出的成功，讓國民黨當局感到十分恐懼，但由於此時正是國共和談時期，當局又剛剛宣佈自 1945 年十月一日起取消戰時新聞檢查制度，當局只得眼睜睜看著該劇連續上演。利用這間隙，重慶開明書店也迅速地把《清明前後》納入出版程序，並於 10 月初版問世，上面的廣告文字就是葉聖陶所作。10 月 30 日，國民黨中央宣傳部發出密電，內容如下：「準中央文化運動委員會主任道藩十月卅日函，『爲茅盾（即沈雁冰）所著之《清明前後》劇本，內容多係指謫政府，暴露黑暗，而歸結於中國急需變革，以暗示

煽惑人民之變亂，種種影射既極明顯，而誣衊又無所不至，請特加注意』等語。查此類書刊發行例應禁止，惟出版檢查制度業經廢止，對該劇本出版不易限制；因特電達，倘遇該劇上演及劇本流行市上時，希即密飭部屬暗中設法制止，免流傳播毒爲荷。」〔註4〕應該說，《清明前後》不但上演了，劇本

〔註4〕轉引自茅盾《我走過的道路》（下），第 552 頁，人民文學出版社 1997 版。

也順利出版，國民黨發出的密電未能阻止該劇在社會上產生影響，當局吃了啞巴虧。

　　與此稍後，中國藝術劇社也把夏衍的《芳草天涯》搬上舞臺。進步文藝界圍繞《清明前後》和《芳草天涯》曾展開熱烈的討論。1945 年 11 月 10 日，《新華日報》組織了一個座談會，28 日，《新華日報》上又發表了《〈清明前後〉和〈芳草天涯〉兩個話劇的座談》一文。對於《清明前後》，參加座談會的 W 認爲：「這是一個大後方不多見的好戲之一，它不僅暴露了、控訴了，而且猛烈的抨擊了這個不合理的社會和那些吃人的黑暗勢力，更是明確的指出了如何才能求得生存的道路。」R 認爲該劇具有直接的現實鬥爭性，反映重慶一個時期的橫斷面，主題很廣。L 認爲：「這樣主題明顯，和當前的實際鬥爭密切結合的劇，對大後方的戲劇來說，是一個新方向」。與上述諸位對該劇基本肯定相反，有人也對該劇的內容和藝術提出了尖銳的批評。J 則認爲，劇中「工業家的痛苦沒有具體的寫出來，……因此，第五幕裏的大聲疾呼，就很難看出情節人物發展的必然性。第二幕……與全劇卻缺少聯繫，不很和諧。這劇的主要缺點，是予人一堆散漫的印象。」S 也認爲：「覺得它的發展線索在舞臺上太不明顯，常常只靠一兩句話，不先讀劇本，容易忽略過去，使看戲的人摸不清頭腦……這個劇的布局有些亂。」

　　此後，王戎於 1945 年 12 月 19 日在《新華日報》發表《從〈清明前後〉說起》認爲：「劇本的優點是強烈地透露了作者個人對現實的不滿和憎惡，因此指出了條正確的道路——民主；但是，這也就是劇本的缺點，……作者的呼喊，不是生動感人的，是失去了生活基礎的抽象概念。」進而他指出：「我們不僅肯定了《清明前後》的現實性爲滿足，必需善意的提出更高的要求——『政治與藝術的統一』」。應該說，王戎的觀點是中肯的，而且也是善意的。緊接著，邵荃麟於 12 月 26 日在《新華日報》上發表了《略論文藝的政治傾向》，他不同意王戎的看法，認爲：「如果指出了欠缺的地方，而把肯定其政治傾向這一點意義

清明前後

定價一元八角·五幕劇

這是茅盾先生第一個劇本，也是抗戰以來第一個用民族工業問題作題材的劇本。故事的背景是轟動了山城疊動了全國的黃金案，寫的是控在這個事件當中的幾位「可敬的人」，和兩三個可憐人。作者用他寫小說的那種細膩深刻的手法，把人物的性格刻劃得非常鮮明，又依照他一貫的寫作態度，把題材處理得又精審，又嚴懲。愛讀作者的小說的人，一定歡迎這個劇本，歡迎他在創作新道路上的第一個收穫。

（特別對今天戲劇運動上這種肯定的意義）抹殺掉了，把它應有的社會價值抹殺掉，那是不公平的。」稍後，何其芳又在 1946 年 9 月 10 日《新華日報》發表了《關於現實主義》一文，他指責王戎等人的看法是武斷的，認為如果按照王戎所說的去對待創作的話，會導致「『現實主義』是抱住了，但『革命』卻溜走了」的結果。可見，邵、何強調劇作的革命性、政治性，而對劇作的藝術性缺陷卻重視不夠。

事實上，由於作者對劇本寫作方法研究較少，《清明前後》在戲劇藝術上缺點較明顯：劇情比較沉悶，對話過於冗長，人物形象不夠鮮明。但劇本及時地反映了當時社會上的重大事件，提出了抗戰勝利後民族資產階級出路這個重大問題，思想內容上同《子夜》、《林家鋪子》等優秀作品是一脈相承的。該劇問世之後，重慶《新華日報》藉此契機，發表不少文章為民族工業呼籲，代表民族資產階級利益的各民主黨派積極展開爭民主的活動，可見《清明前後》的出版和演出具有很大的現實意義。

《芳草天涯》的問世及反響

芳草天涯　夏衍著　重慶美學出版社 1945 年 10 月初版

誰都説「戀愛是不朽的主題」，但是一個時代有一個時代的戀愛，一個作家有一個作家對戀愛的看法。在這個大時代中，有多少人在爲這個問題苦悶，有多少人在爲這個問題流淚，又有多少人爲了這個問題而憔悴了寶貴的生命！這是作者第一部以戀愛爲主題的劇作。他自己所説：「這兒所寫的不是甜蜜而是辛酸。」西諺説：「女人是我們的鏡子」。那麼讓每個青年男女從這鏡子裏觀察自己吧。

廣告載 1945 年 10 月夏衍《芳草天涯》初版本封底

1944 年秋，在重慶的夏衍應中國藝術劇社的幾位演員之約完成了劇本《芳草天涯》，劇名取自蘇軾《蝶戀花》中「枝上柳綿吹又少，天涯何處無芳草」後半句。初稿完成之後，作者並沒有立即交出去。1945 年春，夏衍在《新華日報》上看到了毛澤東在「七大」預備會議上的講話，其中有這樣一段：「我們現在還沒有勝利，困難還很多，敵人的力量還很強大，必須謙虛謹慎，戒驕戒躁」，並號召全黨「要團結得和一個和睦的家庭一樣。家庭是有鬥爭的，但家庭裏的鬥爭，是要用民主來解決的」。夏衍根據講話精神對劇本作了一次較大的修改，「把劇中男女主人公的決裂改成了和解」〔註 1〕從而把悲劇的結尾改爲光明的結尾。

《芳草天涯》是一個四幕話劇，它以抗戰時期知識分子家庭、婚姻與戀

〔註 1〕夏衍《懶尋舊夢錄》，第 354 頁，生活・讀書・新知三聯書店 2006 年版。

愛問題為題材，著重描寫在戰亂中知識分子的愛情和生活糾葛，全劇共有六個角色，即孟文秀、孟太太、孟小雲、許乃辰、尚志恢、石詠芬。故事主要情節是：已屆中年的心理學教授尚志恢，與妻子石詠芬感情不和而家庭失和，為了逃避妻子的感情虐待而投奔到桂林的老友孟文秀家。不久與孟的侄女大學生孟小雲互生愛慕之情。尚妻發覺後向孟小雲懇求「幫助」，孟文秀亦以老朋友的資格規勸尚懸崖勒馬。於是孟、尚二人中止了關係的發展，一個加入戰地服務隊，一個也跳出「文化人的圈子」，勇敢地探索新的人生。作品展示了動蕩的時代風雲和知識分子由國恨家仇所引起的複雜情緒。劇作家以冷靜的筆觸，含淚抒寫了知識分子報國無門、請纓無路而受到的精神磨難，寄寓著對一群知識分子走向社會的熱切期望。所以作者說「他寫的恐怕不是甜蜜而是心酸」。〔註 2〕全劇四幕，作者巧妙地把它們安排在春天、初夏、盛夏和秋天，不但與故事情節的起落相契合，而且更有助於創造一種特定的環境氣氛，使人物的悲歡離合、喜怒哀樂得到充分地體現。

夏衍把劇作改畢後，交給了重慶美學出版社。這是一家成立於 1942 年的私營小型出版社，主要以出版撤退到重慶的進步文化人的戲劇和翻譯作品。由沈鏞尋集資金，袁水拍、徐遲、馮亦代和廖冰兄四位主持編務。此前，夏衍已在該社出版了《復活》（托爾斯泰著，夏衍改編，1943 年 5 月）、《天上人間》（話劇，1944 年 1 月）和《邊鼓集》（1944 年 10 月），《芳草天涯》由徐遲負責編校。1945 年 10 月，初版劇本趕在公演前問世。正文前有一篇陳願的《戀愛‧結婚‧家庭》作為代序。文中探討了男女之間的戀愛、結婚、家庭以及組成家庭後的丈夫與妻子關係。如關於戀愛，

「無論最初是哪一方面的發動，愛總是相互的，也就是說沒有哪一方面可以推卸責任。」關於家庭，「家庭是這個社會的一個細胞，這個社會的一切矛盾

〔註 2〕夏衍《〈芳草天涯〉前記》，《芳草天涯》，重慶美學出版社 1945 年 10 月初版。

集中投射在它身上，顯露在構成這個細胞的每一個分子面前。」關於夫妻關係，「夫妻關係中，任何一方面的獨斷和放棄都是必然使雙方同時受害的」，「兩個人在一起應該仍是兩個人，兩個更豐富的人。」等等。代序之後，是作者為該劇本寫的《前記》，主要交代了作家為什麼要以現今「戀愛」為主題寫作該劇。此外，在初版本封底，還附有《美學出版社「基本社友」章程》和該社近年來出版的文藝作品的廣告，包括《芳草天涯》在內共18部。應該說，在公演推動下，劇本銷售情況不錯，後又分別在11月、12月再版兩次。第三版印出不久，該社在重慶宣告停業。由於在轉運上海過程中，裝載美學出版社存書和紙型的船隻失事，再加上資金短缺，《芳草天涯》再也未能以美學出版社名義重印。〔註3〕

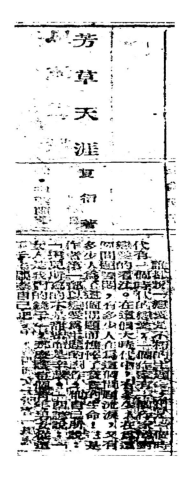

〔註3〕直到 1949 年 11 月，上海開明書店重印了《芳草天涯》，2000 冊，1951 年 2 月又印了第二版 2000 冊。

　　幾乎在提交給美學出版社社的同時，夏衍也把修改後的劇本交給了中國藝術劇社排練。劇社接到劇本後，由金山任導演，演員有王戎、吳茵、陶金、孫堅白、張瑞芳、趙韞如。當年 11 月 1 日，該劇在抗建堂舉行首演。1945 年 10 月 30 日《新華日報》刊登了《芳草天涯》的公演預告：「中國藝術劇社公演夏衍作劇‧金山導演《芳草天涯》，王戎、吳茵、陶金、孫堅白、張瑞芳、趙韞如合演，11 月 1 日起在抗建堂上演。」事實上，原定 11 月 1 日的公演延遲了一天，於 11 月 2 日下午二時半開始。在公演之際，重慶美學出版社還以「中國藝術劇社」的名義刊行了一本連封面在內僅半個印張的草紙 32 開本《〈芳草天涯〉公演特刊》，特刊沒有目錄，依次是夏衍《〈芳草天涯〉前記》、劇情介紹、金山《〈芳草天涯〉導演手記》、徐遲《讀〈芳草天涯〉》、鍾離索《夏衍（作者圖象）》、六位演員畫像等。從各個方面介紹了該劇。從 11 月 2 日始演，到 12 月 2 日的「最後日夜二場」，除一周停演和一天休整外，每天都演，星期日還是下午、晚上連演兩場。〔註 4〕

　　和茅盾的《清明前後》一樣，該劇本出版和公演後，在重慶左翼文藝界引起了一場關於政治性與藝術性的爭論。1945 年 11 月 10 日，《新華日報》組織了一個座談會，28 日，《新華日報》上又發表了《〈清明前後〉和〈芳草天涯〉兩個話劇的座談》一文。對於《芳草天涯》，座談會的與會者基本上都是持批評的意見。如：「這個戲不能說沒有提出問題，它是提出了一個共同工作者的戀愛糾紛問題……卻不能給人以感動的鼓舞的力量……《芳草天涯》正是一個非政治傾向的作品」，「作者借孟文秀的口極力強調所謂人與人之間的相互擠軋，卻模糊了最基本的階級之間的鬥爭。」還有論者認為劇本把戀愛這樣的小事情，當作很大的問題來表現，並且把問題的解決求之於某種戀愛的道德倫理觀念，這是創作的非政治傾向，是作者在反動統治強大壓力下喪失了自己戰鬥的勇氣。這些觀點顯然都是按照政治標準第一來評判作品。此後，王戎、邵荃麟、畫室（馮雪峰）、何其芳等人對《〈清明前後〉和《芳草天涯》陸續發表文章，就作品的政治性和藝術性闡述自己的觀點。如何其芳在《評〈芳草天涯〉》中指責作品把重心放在一個倫理觀念上，即「踏過旁人的痛苦而走向自己的幸福，這是犯罪的行為」，作家寫的是「一些沒有政治意義的小事情」，這樣的作品不但不能鼓舞民眾反抗的鬥志，反而會減弱戰鬥的勇氣。並斷定作品是「常常在資產階級文學的著作中遇到的對於這種戀愛觀

〔註 4〕龔明德《夏衍〈芳草天涯〉敘往》，《新文學史料》2000 年第 3 期。

的描寫與歌頌」，「是一種強調個人的東西神聖的思想」。〔註5〕畫室於 1946 年
1 月 23 日《解放日報》發表《題外的話》，針對論者們對《清明前後》和《芳
草天涯》的批評，不贊同把所謂的政治性與藝術性割裂開來，強調指出了文
學創作由「政治決定性」到「文藝決定政治」的辯證關係。

但是仍有人對該劇給予很高的評價，《婦女新運》（第 7 卷 9 期，1945 年
11 月）上的《書報介紹》中對該劇有評價，認為是不可多得的好劇本，真實
地反映了人生，「使每一個觀眾都覺得這戲裏有自己，也有我認識的人，這真
不愧是一個好劇本。」刊載於《文藝復興》第 2 卷 4 期（1946 年 11 月 1 日）
的書評《五個戰時劇本》（樂少文作）對《芳草天涯》評價也非常高。在論者
看來，無論從演出價值，文學價值看，都是一個稀有的收穫，劇作「保持著
作者特有的清新沖淡的風格，並且在技巧方面更加洗練，更加文學地動人」。
「作者運用這一平凡的戲劇素材的黏土，塑造出一個個出色的藝術品，那麼
沖淡，像一泓秋水，清可見底；那麼雋永，耐人咀嚼，耐人尋味」。

應該說，這是夏衍繼《上海屋簷下》、《法西斯細菌》之後的又一次藝術
冒險。他試圖突破「從正面展開具有時代尖銳性的政治性主題」的創作模式，
深入到男女關係的領域，「從愛情這個最敏感、因而最能牽動人的情思，最自
私、因而最能顯示人真實面貌的窗口，去挖掘、展示他所珍愛的描寫對象——
——大時代中的中國現代知識分子內心深處：他們真實的苦惱、矛盾、掙扎與
追求。」〔註6〕在日益強調作品政治標準的形勢下，夏衍卻把表現的角度從政
治轉向倫理道德，《芳草天涯》的問世無疑是對日益僵化的文學模式的一次大
膽挑戰，儘管在當時受到了責難和批判，但歷史終於證明了這部劇作可算是
真正意義上的創新之作，是他所有戲劇作品中人物最少、情節最集中、戲劇
衝突內在而又強烈的一部作品，突出地表現了夏衍劇作的獨特藝術風格，是
夏衍戲劇創作上的第三個高峰。

〔註 5〕何其芳《評〈芳草天涯〉》，《中原、文藝雜誌、希望、文哨聯合特刊》，第 1
　　　　卷 1 期，1946 年 1 月。
〔註 6〕錢理群、溫儒敏、吳福輝《中國現代文學三十年》（修訂本），第 632 頁，北
　　　　京大學出版社 1998 年版。

《財主底兒女們》的創作與出版

財主底兒女們　路翎　希望社出版

瀏陽紙精印本，定價一千九百六十元　　各大書店代售

路翎先生的大長篇。時間自一‧二八戰爭到蘇德戰爭爆發，舞臺由蘇州、上海、南京、江南原野、九江、武漢以至重慶、四川農村，人物有七十個以上，主要的是青年男女，一‧二八一代的青年男女，抗戰發生後一代的青年男女。以這些人物爲輻射中心，在這部大史詩裏面，激蕩著神聖的民族解放戰爭底狂風暴雨，燃燒著青春底熊熊的熱情火焰，躍動著人民的潛在的力量和強烈的追求，而且，作者是向著將來，爲了將來的，所以，通過這部史詩裏面的那些激蕩的境界，痛苦的境界，陰暗的境界，歡樂而莊嚴的境界，始終流貫著對於封建主義和個人主義的痛烈的批判和對於民族解放，人民解放，個性解放的狂熱的要求。他所包含的是現代精神現象的一些主要的傾向，橫可以通向全體，直可以由過去通向未來的傾向，這是光明和鬥爭的大交響。在眾音的和鳴中間，作者和他的人物是舉起了整個的生命向我們祖國的苦惱而有勇氣的青年兄弟姊妹們呼喚著的。（在這部史詩裏面，讀者能夠受到這偉大而痛苦的戰爭所給予的熱情的洗禮，能夠吸取由民族戰爭到民主鬥爭的堅強的勇氣。……）（報紙上無，但在《希望》第 1 集第 4 期 1945 年 12 月上有後面部分）

廣告載 1945 年 12 月 3 日《新華日報》

路翎（1923～1994），祖籍安徽省無爲縣，生於江蘇蘇州。原名徐嗣興。漢族。少年亡父，故改隨母姓，寄居於舅父的封建大家庭中，抗戰逃難中開

始嘗試寫作，因寫作宣傳抗日的《實戰日記》而被學校開除，17 歲時以短篇
小說《「要塞」退出以後》、《一個青年經紀人底遭遇》受胡風賞識而在文壇初
露頭角，自此成爲三十年代七月派的主力作家。1940 年之後曾在礦區生活工
作，因此創作了一些以此爲題材的作品，其中《卸煤臺下》頗有成就。1942
年後，未滿 20 歲的路翎進入創作高峰，創作了被邵荃麟評價爲「在中國的新
現實主義文學中放射出一道鮮明的光彩」的中篇小說《飢餓的郭素娥》（1944
年發表），表現封建家庭出身的知識分子的心路。路翎是七月派中作品最多，
成就最高的作家，他的創作善於揭示社會的複雜內涵，描寫人物心理的多層
性，在整個新文學史上，也是不可多得的。

　　長篇小說《財主底兒女們》是路翎的代表作。1940 年，路翎在寫礦區生
活小說的同時，也開始了知識分子題材小說的寫作。如《穀》寫出了有志青
年如何在沉悶的生存環境中掙扎。1941 年 2 月，初稿《財主底兒子》寫畢，
路翎寄給了正在香港的胡風，遺憾的是，胡風在戰亂中將書稿遺失。從 1942
年夏開始，沉浸在托爾斯泰「偉大的魄力」和「羅曼・羅蘭底英雄的呼吸」
中的路翎，在重慶南溫泉國民黨中央政治學校圖書館的一間小屋裏，開始重
新構思和創作他的《財主底兒子》（後改名爲《財主底兒女們》），一直到 1944
年 5 月，他完成了 80 餘萬字的巨著。小說分兩部，第一部完成於 1943 年 11
月，共 15 章，第二部完成於 1945 年 5 月，共 16 章。原計劃由五十年代出版

社出版，後又擬南天出版社出版，最後還是由剛成立的希望社於 1945 年 11 月初版了小說第一部，書前有胡風的《序》（1945 年 7 月 3 日）和作者的《題記》（1945 年 5 月 16 日）。1948 年 2 月希望社在上海再版小說第一部，初版第二部。

胡風在《序》中對小說給予高度的評價：「《財主底兒女們》的出版是中國新文學史上一個重大的事件」，「是自新文學運動以來的，規模最宏大的，可以堂皇冠以史詩的名稱的長篇小說」，「是一首青春的詩，在這首詩裏面，激蕩著時代的歡樂和痛苦，人民的潛力和追求，青年作家自己的痛苦和高歌！」小說上半部寫蘇州巨富蔣捷三家族的崩潰。這個封建大家庭出了叛逆子弟蔣少祖、蔣純祖，而出身於大訟師之家的長媳金素痕，陰險毒辣地掠走了蔣家的財富，一面與蔣家興訟，一面過著淫蕩的生活。以至氣死蔣捷三，逼瘋蔣蔚祖。小說的下半部，寫這個大家庭釋放出來的精靈，蔣家兒女們在抗戰期間聚散無常的生活道路和心靈軌跡。主要描寫蔣純祖逃離危城南京，沿長江漂泊到重慶和四川農村所經歷的四處碰壁、鮮血淋漓的心靈搏鬥歷程。他很像蔣少祖，但他又超越了蔣少祖，當蔣少祖追逐權力，當了參議員，在舊詩和宋明版本中尋找靈魂的靜穆的時候，他卻宣稱青春是壯闊的，苦悶才能爆發革命與藝術，始終不苟同於污濁的流俗和僵硬的教條，而企圖「在自己內心裏找到一條雄壯的出路」。他在五四過後近二十年，重提五四時代的歷史命題，強調「我們中國也許到了現在，更需要個性解放吧，但是壓死了，壓死了！一直到現在，在中國沒有人底覺醒，至少我是找不到。」在武漢到重慶的演劇隊中，他以這種苦悶的個性，與小集團的左傾教條主義進行暴躁的爭辯。在四川窮鄉僻壤的小說，他又以這種孤傲的個性，向宗法制農村的冷酷和愚昧挑戰。蔣純祖始終處在「獨戰多數」和「困獸猶鬥」的激昂而狼狽的處境之中，最終病死。

路翎的小說實踐著胡風派的理論，用主觀精神的擴展擁入客觀世界，他的作品主觀色彩強烈，尤其對人的精神世界包括無意識世界進行開掘為特色。在《財主底兒女們》中，作者創造了一批異常複雜的在痛苦中打滾和行進的生靈，創造了一種巨浪狂潮、大起大落、瞬息之間發生激烈的情緒轉折和神經顫動的心理描寫藝術，創造了一首激越而渾濁、痛苦而悲愴的心靈交響曲。時間從一二八抗戰以來到蘇德戰爭爆發這個歷史時期，展示了敵我雙方、國共兩黨、官與民、歷史與現實、各類人之間、每個人自身的各種複雜

的矛盾。爲了給人物提供精神決鬥所需的巨大的精神空間，作者選擇了一個擁有與政治、經濟、文化力量相聯繫的蔣氏大家族。通過主人公從上海、南京、蘇州到武漢、重慶、四川等地的描寫，揭示了廣闊的社會層面，也通過主人公的社會活動，展示了各類人物的人生糾葛。作者在《題記》中說：「我所追求的，是光明、鬥爭的交響和青春的世界的強烈的歡樂。……我所檢討，並且批評、肯定的，是我們中國知識分子們的某幾種物質的、精神的世界。」這就是路翎小說一貫堅持的「主觀戰鬥精神」，一方面是指，創作過程必須是作家本人和現實生活的肉搏過程，是作家本人用眞實的愛憎去深入觀察並反映生活的過程，反對客觀主義和公式主義。另一方面是指，作家要發揚主體性，要把個性解放的命題貫徹到文學創作中。儘管路翎的小說大都是悲劇性的，但是作品中又透出一種樂觀的力量，即使在最陰暗的情境中，也騰躍著一種征服的激情與豪邁。他的主人公大多是現實人生中的失敗者，但面對現實人生的絕望，他們又無一不是爲「理想」而戰的鬥士，他們也許是負擔了在別人看來是失敗的結果，可是戰鬥即勝利。這種「西緒弗斯」式的反抗精神在他們身上以各種形態體現出來，表達了路翎反抗絕望的姿態。

小說在人物形象塑造、史詩性筆法、故事情節等方面明顯受到羅曼·羅蘭的《約翰·克利斯朵夫》和托爾斯泰的《戰爭與和平》的影響。出版後，批評家給予了很高的評價。魯笭在《〈財主底兒女們〉讀後》中宣稱：「不論它將接受到什麼樣的驚訝或者冷淡，《財主底兒女們》在它的雄辯的感召裏是應該而且已經被理解爲——五四以來中國知識分子的感情和意志的百科全書的。」〔註1〕在讀者特別是年輕讀者中引起了強烈的反響，對那「屢戰屢敗又屢敗屢戰」的蔣純祖給予了更多的同情。這個人物從社會層面上可看作是在偉大的抗日民族解放鬥爭中仍未能與人民結合，沒能找到光明出路的知識分子典型。四十多年後，野艾還記得當年閱讀此書給他帶來的深刻影響：「就在這種我們迷茫、煩惱而有所冀求的時候，我們讀到了兩本書：一部是羅曼·羅蘭的《約翰·克利斯朵夫》，一部就是路翎的《財主底兒女們》。都是多卷本的厚部頭小說。我們幾乎是懷著聖徒般的虔誠，一下子拜倒在約翰·克利斯朵夫和蔣純祖這兩個光輝形象的腳下。」〔註2〕毫無疑問，路翎爲中國新文學人物畫廊中又增添了一個獨特的知識分子形象。

〔註 1〕楊義等編《路翎研究資料》，第 118 頁，北京十月文藝出版社 1993 年版。
〔註 2〕楊義等編《路翎研究資料》，第 145 頁，北京十月文藝出版社 1993 年版。

老舍的長篇巨著《四世同堂》

《四世同堂》預告

故事發生在北平。時間是從「七・七」抗戰到抗戰的第七年。人物以四世同堂的祁家老幼爲主，而佐以十來家近鄰，約有五十人，或更多一些。其中有詩人，汽車司機師，棚匠，人力車夫，扛肩兒的，票友，教員，庶務，掌櫃的，擺臺的，剃頭匠，老寡婦，小媳婦……他們她們都有個人的生活與性格，又都有北平給他們與他們的特殊的文化和習慣。他們與她們所受的苦難，一半「咎由自取」，一半也因深受了北平的文化病的毒。故事分三大段：一、自「七・七」到南京陷落——大家惶惑，不知所從；二、南京陷落後，珍珠港被炸以前——惶惑改爲消沉，任敵人的宰割；三、英美對日宣戰後——敵人製造饑荒——四世同堂變成四世同亡！每段約有卅五萬字，全書可能的達到百萬字。

第一部《惶惑》　全書六百餘頁，分訂上下兩冊，每冊洋三千元

這是《四世同堂》的第一部，以陷落後北平城的一角——小羊圈裏面各種人物的動態作中心，寫祁老人一家祖孫父子四代人物，在這個大時代的動亂中如何各自抱定各自的生活態度去應對這個偉大的民族戰爭的故事。第一部從北平淪陷初期寫起，一直到南京失守爲止，共計三十三章，四十餘萬字。

第二部《偷生》　全書七百餘頁，分訂上下兩冊，每冊三千五百

這是繼《惶惑》而最近寫成的《四世同堂》第二部。故事向前開展，廣州陷落，武漢撤退。在華北被敵人視爲一把拿定的苦難的日子中，祁老人的

一家和他的鄰居們遭遇了更慘酷的命運。漢奸們的得意忘形，愛國者的忠貞不屈，形成了最明顯的對比。許多人在槍刺下偷偷的生活下去，不少人卻壯烈的犧牲了，全書共約四十萬字，三十三章，分訂上下兩冊。

第三部《饑荒》預告

《四世同堂》是一部中國文學史上空前未有的大長篇。分一百章，三大部。第一部《惶惑》容納三十四章，第二部《偷生》容納三十三章，最後一部《饑荒》也是三十三章，每章約一萬字，所以全書共一百萬字。第一二部出版後，國內論壇一致推崇。最後一部的《饑荒》已由作者在美國完成中。即將由本公司出版。

廣告載《文藝復興》第 3 卷第 3 期，1947 年 5 月 1 日

《四世同堂》是老舍 40 年代精心創作的一部長篇巨著，從 1944 年到 1949 年，作者花了整整六年的時間，克服了各種困難，完成了這部小說。他事先的創作設想是：「此書的組織將是：1，段──一百段。每段約有萬字，所以 2，字──共百萬字。3，部──三部。第一部容納三十四段，二部三部各三十三段，共百段。本來無須分部，因爲故事是緊密相連的一串，而不是可以分成三個獨立單位的『三部曲』。」〔註1〕小說分別以《惶惑》、《偷生》、《饑

〔註1〕老舍《〈惶惑〉序》，《惶惑》，上海晨光文學出版公司 1946 年版。

荒》為名。作者從 1944 年開始動筆，其中《惶惑》連載於 1944 年《掃蕩報》，
《偷生》連載於 1945 年的重慶《世界日報》，前兩部列入晨光文學叢書於 1946
年 11 月初版。上面的廣告就是晨光出版公司所刊。第三部《饑荒》寫於作
家訪美期間，前二十段刊於 1950 年的《小說》月刊，後十三段沒有公開發
表。由於歷史的原因，第三部沒能完整地出版單行本。文革中，這十三段原
稿遺失。好在 1951 年美國出版了《四世同堂》的英文節譯本 The Yellow Storm
（約 50 萬字）。1982 年，翻譯家馬小彌從英譯本中把最後十三節譯成中文，
發表於當年《十月》雜誌。自此，《四世同堂》才成為了一個結構完整的全
本。〔註 2〕

抗戰以來，老舍把大量的熱情用在抗戰的宣傳上，創作了大量的通俗文
藝和話劇。40 年代開始，老舍對自己的創作進行了反思，重新回歸北平，回
歸幽默，回歸到小說的道路上來。《四世同堂》則是作家三大「回歸」的藝術

〔註 2〕儘管《四世同堂》有了一個完整的結構，但後十三節並不是老舍的原稿，比
　　　原稿少了許多內容，嚴格地講仍然是一個殘缺的版本。

實踐的最高成就。〔註3〕小說在盧溝橋事變爆發、北平淪陷的時代背景下，以北平小羊圈胡同的居民爲核心，以祁家四世同堂的生活爲主線，形象、眞切地描繪了以小羊圈胡同住戶爲代表的各個階層、各色人等的榮辱浮沉、生死存亡。作品記敘了北平淪陷後的畸形世態中，日寇鐵蹄下廣大平民的悲慘遭遇，那一派古老、寧靜生活被打破後的不安、惶惑與震撼，狠狠地鞭撻了附敵作惡者的醜惡靈魂，揭露了日本軍國主義的殘暴罪行，更反映出百姓們面對強敵憤而反抗的英勇無畏，謳歌、弘揚了中國人民偉大的愛國主義精神和堅貞高尚的民族氣節，史詩般地展現了第二次世界大戰期間，中國人民爲世界反法西斯戰爭做出的傑出貢獻，氣度恢弘，可歌可泣。

作爲文學家，老舍在嚴格地按著抗戰發展階段來安排自己故事順序的時候，並不是去寫歷史教科書，他沒有寫解放區，也沒有寫八路軍、新四軍的戰場和功勳，他只是解剖了一個小細胞，一個不上經傳的淪陷了的小胡同，透過這個小胡同看民族和國家的命運。作家通過解剖中國社會的最基本的組織——家庭、胡同、鄰里等單位入手，深入到家庭/國家、個人/民族、生命/自由等人際倫理的深層文化中進行反思。表面上，小說表現了中華民族在苦難面前所爆發出內在力量，但老舍把小說的落腳點放在了對我們這個民族傳統文化的反思和批判上。老舍曾說：「一個文化的生存，必賴它有自我的批判，時時矯正自己，充實自己；以老牌號自誇自傲，固執的拒絕更進一步，是自取滅亡。在抗戰中，我們認識了固有文化的力量，可也看見了我們的缺欠——抗戰給文化照了『愛克斯光』。在生死的關頭，我們絕對不能諱病忌醫！何去何取，須好自爲之！」〔註4〕在小說中，作者也常借人物之口表達了自己的憂慮：「我可以說，我們的文化或者只能產生我這樣因循守舊的傢夥，而不能產生壯懷激烈的好漢！我自己慚愧，同時我也爲我們的文化擔憂！」「當一個文化熟到了稀爛的時候，人們會麻木不仁地把驚魂奪魄的事情與刺激放在一旁，而專注意到吃喝拉撒中的小節目上去。」等等。作者的文化剖析和反省充滿了民族正氣和現代意識，使小說在讀者中具有持久的藝術魅力。

小說中人物有一百餘位，所寫的大多是小商人、教師、學生、主婦、車夫、理髮匠、棚匠、小販、使館裏的當差、唱戲的落難貴族、失意的小官僚、女流氓、閒人以及詩人、教授等。戰爭使每個人都捲入進去，不得不面對侵

〔註3〕孫潔《世紀彷徨：老舍論》第七章有關論述，百花洲文藝出版社 2003 年版。
〔註4〕老舍《〈大地龍蛇〉序》，《文藝雜誌》第 1 卷 2 期，1942 年 2 月 15 日。

略者對他們的統治，他們卑微地活著。小說以祁家爲中心，這個四世同堂（祁老人——祁天祐——祁瑞宣、瑞豐、瑞全——小順子、妞兒四代人）中，祁老人是這個宗法制家庭的維護者，他樸實、和氣，謙卑、守舊，他總是按經驗辦事，總以爲在這個不起眼的小胡同中，備足三個月的糧食和鹹菜，用破缸裝滿石頭頂住大門，就可以使四世同堂的小堡壘平安無事。但想苟全性命於這個亂世都不能時，他們選擇了反抗。祁瑞宣就是一個典型，他一方面鑒於民族大義，有離開家庭和北京，直接投入國家的抗戰的想法；一方面鑒於家庭長房長孫的責任，要對老人敬孝，他又不得不忍辱負重留在淪陷區裏當亡國奴。他暗地支持其他青年（包括自己的三弟）走出北方到後方去抗戰報國。太平洋戰爭爆發後，連英國政府都保護不了他的時候，他毅然接受了地下工作者的任務，成爲抗日陣營裏的一分子。此外還有錢默吟、小文夫婦、高弟、李四爺等，他們都是被迫起來反抗，有的甚至獻出的自己的生命。此外，作者對祁家第三代人的瑞豐和瑞全也給予了描寫。瑞豐是一個浮淺無聊，油頭滑腦，講究吃喝打扮，不惜爲虎作帳，最後淪落爲漢奸的不肖子孫，他是「市民文化之下乘和外來文化之皮毛的混血兒」〔註5〕而老三瑞全剛烈有決斷，當日軍侵佔北平後，他輟學從戎，投生於抗日的洪流，反映了中華民族在危難之際的肝膽與希望。

由於老舍沒有淪陷區的生活體驗，他小說的淪陷區一半來自親人的敘述，一半來自自己的想像。所以，小說總的場景真實感不強，人物也有臉譜化色彩。特別是創作的最後幾年，老舍身在美國，對國內迅速變化的形勢並不瞭解，對於抗戰的意義以及方式等帶有個人化的空想。隨著中華人民共和國的建立，小說家必須適應新的歷史敘事方式，《四世同堂》就顯得有些不合適宜了。但新時期以來，由於原有的政治禁錮被拋棄，《四世同堂》又獲得了新的闡釋空間。

〔註 5〕楊義《中國現代小說史》（第二卷），第 206 頁，人民文學出版社 1998 年版。

鮮爲人知的《青年文選》

《青年文選》已出　編者

青年作家們！

　　各位所期待已久的青年文選第一二輯，現在到底出來了。第一輯是《家的召喚》，第二輯是《聖潔的靈魂》，內容可說是青年最佳的作品，散文小說，不僅能達到水準的上面，並且能夠引人入勝。如果作爲寫作的觀摩品，那是最爲適宜的。總發行所在上海南京東路 223 號哈同大樓三樓 323 室 A 號，電話 14572 號。上海各經售處是世界書局，百成公司，五洲書報社，博覽書局等。

　　現在出書眞是不容易，不僅紙張排印的工本貴而且時常逢到各種的罷工，就像《青年文選》第一輯到第六輯，早早就排好了，可是要印刷裝訂一本本的書發賣，卻耽擱不少的時日。但是書商的利益卻遠不如將本生利那麼穩妥。所以我早就說，現在肯投資於印書的人，是第一等的商人。日新出版社肯爲我們印刷《青年文選》，實在要使人感激的。

　　在荒蕪的出版界中，我們《青年文選》能夠陸續的出來，實在是不容易，希望各位愛好覺悟的青年作家，都加以援助。第一輯第二輯，印刷與裝訂都很雅潔可愛，每輯均售法幣六百元。各地朋友們前來詢問該書的，請照上開的書店地址接洽罷！

廣告載 1946 年 10 月 3 日《民國日報》

　　抗日戰爭勝利後，《民國日報》於 1945 年 10 月 6 日在上海復刊。副刊《覺悟》也一同恢復，該欄目的主持者爲徐蔚南〔註1〕。1946 年 1 月 1 日，《民國

〔註 1〕徐蔚南（1900～1952），筆名澤人，吳江盛澤鎭人。著名的散文家、史學家、翻譯家、出版家。早年留學日本，精通日語、法語。20 年代初爲新南社社員。

日報》改版，由對開半張擴大為一大張。《覺悟》副刊也在這次改版中版面擴大了一倍。由於版面的增加，主持者徐蔚南決定舉行「月月徵文」活動，以便吸引讀者。由於是初次徵文，讀者知道消息的並不多，一月份的徵文來稿數量不多，質量也不高。但從二月份開始，月月徵文活動出現良好的發展態勢，應徵稿件數量非常多，但由於版面限制，編者只能盡量刊登，出現了稿件太多版面不夠的緊張局面。這種情況一直持續到 1947 年 1 月 31 日《民國日報》停刊為止。總之，主持者徐蔚南舉辦的月月徵文活動取得了巨大成功。在這 13 個月裏，發表的青年徵文達 400 餘篇。此外，還有數量不少的不屬應徵的青年來稿，都得到了刊登的機會。主持者對來稿做了一個統計，學者的來稿占十分之二，大學生占十分之四，大學以下學生占十分之二，職業青年占十分之二。初步形成了以上海各大學各高級中學的優秀青年為主，還包括南京、杭州、鎮江，福州、重慶青年界的中堅，共數百人的《覺悟》作家群，大大充實了中國新文藝陣線。

1928 年在上海世界書局聘任為總編輯，主持編輯百科知識性質的《ABC 叢書》，風行於時。由於從小與邵力子相識，得以追隨其左右。抗戰前，邵力子任中央宣傳部部長，邵邀徐去南京擔任部主任秘書。全面抗戰爆發後。國民參政會在大後方成立，邵調任秘書長，徐亦改任參政會機要秘書。抗戰勝利後徐復員返滬，除擔任上海市通志館副館長外，還擔任《民國日報》社務委員會委員並具體主持《民國日報》副刊《覺悟》的編輯工作。

隨著月月徵文活動的持續進行，覺悟欄發表的青年作品愈來愈多，怎樣使這些作品更好地保存下來，傳播得更遠、更廣，這是覺悟主持者徐蔚南需要考慮的問題。作爲有豐富出版經驗的他知道，收集精選這些青年佳作，結集成書確實是一個可行的措施。但要出版圖書，不但要有文稿，更要有出版機構的支持。1946 年的出版界，由於政治形勢的緊張，出版業逐漸凋敝，而《覺悟》欄的作者既非名家，又非財力雄厚，出版機構又多以贏利爲目的，這種情況下出書確實頗爲艱辛。巧的是，此時世界書局的朱聯保、俞梅、盛順基、顧炳章等人合辦的日新出版社剛成立，地址設於南京東路哈同大樓內。因徐蔚然曾在世界書局任過編輯，這些人自然與徐相識，通過與徐蔚南的接洽，《青年文選》的出版就確定由這家剛開張的出版社承擔。

青年文選已出／編者

青年作家們！

各位所期待已久的青年文選第一二輯，現在到底已出來了。第一輯是「家的呼喚」，第三輯是「聖潔的靈魂」，內容可說是青年最佳的作品，詩文小說，不獨能達到水準的上面，并且能够引人入勝。如果作爲寫作的觀摩品，那是最爲適宜的。發行所是在上海南京東路二二三號哈同大樓三樓三二三座A號，電話一四五七二號。上海各經售處是世界書局，百成公司，五洲藥報社，博覽書局等。

現在出售眞是不容易，不做紙張排印的工本貴而且時常遷到各種的罷工，就像青年文選第一輯到第六輯，早早就排好了，可是要印刷裝釘成爲一本本的書發賣，却就擱不少的時日。但是書商的利益，却遠不如將本生利那麼穩妥。所以我早就說，現在肯投資於印書的人，是第一等的商人。日新出版社肯爲我們印刷「青年文選」，實在要使人感激的。

在荒燕的出版界中，我們「青年文選」能够陸續的出來，實在是不容易，希望各位愛好覺悟的青年作家，都加以援助。第一輯第二輯，印刷與裝釘都很雅潔可愛，每輯均售法幣六百元。各地朋友們前來簡問賅售的，請照上開的地址齊店接洽能

從時間上看，幾乎在籌備茶話會和成立覺悟社的同時，編選出版《青年文選》就已經在緊鑼密鼓地進行了。作爲這套文選（叢書）的主編徐蔚南在5月8日的《覺悟》上刊出了《致愛覺悟的青年》，首次向讀者報告了《青年文選》的編選計劃：

　　……值得告訴諸位青年同志的，我們已有一個計劃了，就是把覺悟內的文字，再精選一過，將最動人的，最爲青年們所愛好的，

值得保存的文章，彙集一起，決定印《青年文選》第一輯及第二輯，

每輯字數約五萬，由日新出版社發行。這是一個好消息。

但是，日新出版社作爲一個業餘的出版機構，自然也需要贏利，接受《青年文選》的出版是冒著蝕本的風險做的一次嘗試，只要前兩輯銷路不錯，自然還很樂意繼續出版。所以，爲了打開銷路，主編在文章的最末號召青年朋友們廣爲傳播，竭力購買《青年文選》，使日新出版社不致因銷路而灰心：

青年諸君今日要印刷一本書是如何的困難，而日新出版慨然允許爲我們出版這《青年文選》，實在令人感謝不置的。如果《青年文選》銷路廣大，那麼將來第三輯第四輯自然會繼續發行的。《青年文選》等於《覺悟彙刊》，這兩輯青年文學的出版，自然仍舊要求各位熱烈的支持，方始可以使這部《青年文選》暢行於世！

5 月份確定《青年文選》的出版計劃後，文選的編選以及出版有條不紊地進行。6 月份，第一、二輯已付印，三、四輯又開始編選，七月份，一二兩輯出校樣，9 月份一二輯出版，10 月份三四輯出版，五六輯開始付印。爲了促銷，圖書價格非常低廉，600 元一冊。主編徐蔚南爲《青年文選》寫了序言，主要交代了文選的編選緣起、出版過程以及對青年們的價值：

我每月在民國日報覺悟欄中舉行一次青年徵文，獲得青年作家們偉大的支持，紛紛以佳作惠寄，每天所得到稿子，要超過覺悟所能容納的兩倍以至八倍。我細心地選擇文筆最好的，內容最動人的作品來刊載，幸蒙各界讀者，尤其是青年學生們，一致予以鼓勵和贊許。這不是我個人勞作所致，而是寄稿者的功績。

日新出版社約我將覺悟中發表的作品，再加一遍選擇，把可以給青年們欣賞觀摩作品提拔出來，作爲青年文選叢書，印成單行本。這個提議，恰好可以滿足一般青年屢次要求覺悟所選每月發行彙訂本的渴望，我所以立刻就接受了。

青年文選叢書所選的文字，並不限於青年作家，老作家以及已成名的作品，只要富於青年精神而且富有滋養的，我也選錄了。或者，這更足以啓發青年寫作的技巧，所選的文字，依體裁分類，如論文、小說、詩歌、書信等七八種，這不僅使青年們對於各種文體能得到認識，並且也使青年們在多種多樣的詩文中，得到極濃的閱讀興趣。

我相信這部青年文選對於青年們可以有點益處的。第一，青年們閱讀青年文選，至少在思想上必不致落伍腐化。在知識上可以增加新鮮而正確的觀念，其次，即就練習作文，也可從這部青年文選裏，得到許多觀摩之處。

現在這部青年文選叢書開始發行了，希望各地的青年們都能以愛我的熱誠來愛好這部叢書。

到 1947 年 1 月《覺悟》停刊為止，《青年文選》一共出版了六輯，此後又陸續出版了 6 輯，共出版了 12 輯，一直持續到 1949 年 3 月為止。各輯出版的具體情況如下：

1、《家的召喚》，71 頁，日新出版社 1946 年 8 月初版，〔註2〕1947年 1 月再版，1947 年 7 月三版。

2、《聖潔的靈魂》，79 頁，日新出版社 1946 年 8 月初版，1947 年 9 月再版。

3、《新生》，74 頁，日新出版社 1946 年 10 月初版，1947 年 1 月再版，1947 年 7 月三版。

4、《小主婦》（書名原計劃為《女同學林娜》，為了便於促銷改名為《小主婦》），76 頁，日新出版社 1946 年 10 月初版，1947 年 1 月再版，1947 年 7 月三版。

5、《童年的夢》，74 頁，日新出版社 1947 年 1 月初版。

6、《長春》〔註3〕，55 頁，日新出版社 1947 年 1 月初版。

7、《黎明》，72 頁，日新出版社 1947 年 7 月初版。

8、《前程》，79 頁，日新出版社 1947 年 7 月初版。

9、《等待的心》，68 頁，日新出版社 1947 年 9 月初版。

10、《血與淚》，74 頁，日新出版社 1947 年 9 月初版。

〔註 2〕據徐蔚南的報告推斷，第一、二兩輯應該在 1946 年 9 月出版，但圖書上卻標明是 8 月初版，提前了一個月。這種情況在民國出版界應屬正常現象。

〔註 3〕收入《長春》的作品均沒有在《覺悟》上發表，而是在《東南日報》文藝副刊《長春》欄問世。1946 年 6 月，《東南日報》滬版創刊時，徐蔚南約去暫時編輯文藝副刊《長春》，因報紙剛創刊，無人投稿，他便拉了一批《覺悟》欄的青年作家去幫忙，所以雖是《長春》上發表的稿子，實則是《覺悟》青年作家的作品，所以主編還是選遍了五萬餘字的稿件納入《青年文選》中，把這一輯書名確定為「長春」，是紀念稿件最初發表的場所。

11、《鴨綠江畔》〔註4〕，77 頁，日新出版社 1947 年 11 月初版，
　　 1949 年 3 月再版。

12、《沒有太陽的地方》，〔註5〕36 頁，日新出版社 1947 年 11 月初
　　 版，1949 年 3 月再版。

　　平均每一輯收文章 30 餘篇，收通論、論說、批評、散文、遊記、小說、
詩歌、書信、譯作、史地、傳記、札記、預言等各種文學體裁。從銷路上看，
《青年文選》的銷路應該還不錯，有些輯甚至印行了三版，該套叢書還是有
相當大的讀者市場。

〔註 4〕這一輯所選的內容與其他輯沒差別，封面設計與其他輯也一樣，但本卷首書
　　　　名刊「青年文學特刊」之一。

〔註 5〕據《民國時期總書目》介紹，此書收雜文 31 篇，但未題作者姓名，係個人文
　　　　集。但封面設計與其他《青年文選》一樣。

錢鍾書的唯一長篇小說《圍城》

圍城　錢鍾書著　上海晨光出版公司 1947 年 5 月初版

這部長篇小說去年在《文藝復興》連載，立刻引起廣大的注意和愛好。人物和對話的生動，心理描寫的細膩，人情世態觀察的深刻，由作者那枝特具的清新辛辣的文筆，寫得飽滿而妥適。零星片段，充滿了機智和幽默，而整篇小說的氣氛卻是悲涼而又憤鬱。故事的引人入勝，每個《文藝復興》的讀者都能作證的。

廣告載《文藝復興》第 3 卷第 3 期，1947 年 7 月 15 日

1946 年 1 月 1 日，鄭振鐸和李健吾等人共同策劃出版了大型文學雜誌《文藝復興》。這是一份在抗戰勝利後國統區創辦較早、影響廣泛的大型文藝刊物。發表了一大批有影響的小說、戲劇、詩歌和散文作品。如巴金的《第四病室》、《寒夜》，李廣田的《引力》，艾蕪的《鄉愁》，曹禺的《橋》（未完），李健吾的《青春》、王統照的長詩《白雲洞》等。由於李健吾與錢鍾書夫婦都是清華校友，在李的邀約下，夫婦二人也有作品在此刊物上問世，楊絳發表了《風絮》（四幕悲劇），而錢鍾書則連載了他的《圍城》。

1944 年年初，錢鍾書開始創作自己的長篇處女作《圍城》，在楊絳女士不斷的督促下，每天只寫五百字左右，用了整整兩年的時間，得以錙銖積累地寫完。正當他完成一大半之後，《文藝復興》計劃創刊，鄭振鐸和李健吾就向錢鍾書提出在《文藝復興》上連載《圍城》，原計劃從創刊號開始連載，但錢鍾書覺得時間太緊，來不及抄寫，要求延期一期發表。所以，在《文藝復興》創刊號上的「下期要目預告」中，編者將錢鍾書的《圍城》在頭條予以公佈。

這樣，《圍城》從 1946 年 2 月出版的《文藝復興》第 1 卷 2 期上開始連載，在該期「編餘」中，李健吾寫到：「錢鍾書先生學貫中西，載譽士林，他第一次從事於長篇小說製作，我們欣喜首先能以向讀者介紹。」本來，《圍城》預計至第 2 卷第 5 期結束，由於作者身體染病，趕抄不及，被迫在第 2 卷 3 期中斷，以至小說推至第 2 卷 6 期結束。同期，還刊出了作者寫的《圍城序》。在連載的同時，上海晨光出版公司的趙家璧就徵求作者同意把《圍城》列入「晨光文學叢書」，當小說在 1947 年 1 月的《文藝復興》結束連載後，1947 年 5 月上海晨光出版公司就推出了小說的單行本，速度不可謂不快！小說出版後，大受讀者歡迎，供不應求，晨光出版公司又分別於 1948 年 9 月和 1949 年 3 月重印了兩次。

小說以方鴻漸的生活道路為主線，反映了那個時代某些知識分子（主要是部分歐美留學生、大學教授等等）生活和心理的變遷沉浮。他們不屬於那個時代先進的知識分子行列，當抗戰烽煙燃燒起來的時候，他們大都置身於這場偉大鬥爭的風暴之外，先在十里洋場的上海，繼在湖南一個僻遠的鄉鎮，圍繞著生活、職業和婚姻戀愛等問題，進行著一場場勾心鬥角的傾軋和角逐。作家通過對這一群中上層知識分子精神病態的揭示，實現了對傳統文化的深刻反省和批判。小說中，作者設置了大量的人物對話，生動刻畫了人物性格，如方鴻漸與鮑小姐之間的調情的對話（初刊本）：

「我給你悶死了！我在傷風，鼻子裏透不過氣來──太便宜了你，你還沒求我愛你呢！

「我現在向你補求，行不行？」

「反正沒好話說，逃不了那幾句老套兒。」

「你嘴湊上來，我對你嘴說，這話就一直鑽到你心裏，省得走遠路，拐了彎從耳朵裏進去。」

「我才不上你的當！有話斯斯文文的說，今天夠了，要是你不跟我胡鬧，我明天……」

「明天？世界上沒有明天。『明天』是日曆本撒的慌，別相信它。只有今天是真的。」

這一段對話把一個女性情場老手的風騷之態與一個紈絝子弟花言巧語的油滑之態盡顯無遺，他們在船上的親昵行為只是各取所需而已。小說還運用心理分析方法，對人物隱秘情感的觀察分析極為犀利細膩；諷刺手法的成功運用

使小說於嘲笑中含著辛澀，挪揄中富有沉思，快感中夾雜著痛感。此外，學者的學養和睿智在作品中也有淋漓盡致的發揮，大量警語譬喻使作品滿紙生輝。總之，《圍城》以其極爲豐富深刻的主題意蘊和多方面的藝術成就成爲新文學史上一部難得的優秀之作。

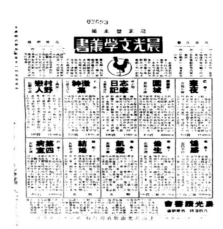

　　小說發表和出版後，儘管有對它的讚美的言辭，如彭斐認爲：「《圍城》之妙，該是妙在作者錢鍾書先生的超人機智，和他那五車的才學，以及透過那重機智的冷嘲熱諷的筆調上。」〔註1〕但更多地是批評，如屏溪認爲小說人物性格刻畫是成功，作家想像力豐富，但作者「並未著重他的故事，他的故事只是一種紓延文字的手段，牧童吹著狡猾的竹笛，只使得韻律生動可人，對於唱的內容並未介意。」〔註2〕還有的評論文字，更是對小說的粗暴批判。如方典認爲：「在這篇小說裏看不到人生，看到的只是像萬牲園裏野獸般的那種盲目騷動著的低級的欲望……這裡沒有可以使你精神昇華的眞正的歡樂和眞正的痛苦，有的只是色情，再有，就是梅雨下不停止似的油腔滑調的俏皮話了。」〔註3〕張羽甚至認爲錢鍾書的《圍城》「是一副有美皆臻無美不備的春宮畫，是一劑外包糖衣內含毒素的滋陰補腎丸。它會引你進迷谷，動邪火，陷情網。要是你讀厭了笑話三千、還準備去找尋點趣味和幽默的話，它會使你滿足的。」〔註4〕無咎認爲作者「缺少巴爾扎克抓住資本主義社會的靈魂（金

〔註1〕彭斐《〈圍城〉評價》，《文藝先鋒》第11卷3、4合期，1947年11月30日。

〔註2〕屏溪《〈圍城〉讀後》，《大公報》1947年8月19日。

〔註3〕方典《論香粉鋪之類》，《橫眉小集》第1輯，1948年2月25日。

〔註4〕張羽《從圍城看錢鍾書》，《同代人文藝叢刊》第1年第1集《由於愛》，1948年4月20日。

錢）的特質的那種初步的社會學觀點」，而情願「抓取不甚動蕩的社會的一角
材料，來寫出幾個爭風吃醋的小場面」，他「只看到了一切生存競爭的動物性，
而忽略了一切生存競爭的社會階段階級鬥爭意義」。〔註5〕

　　解放後的 30 餘年時間，《圍城》更是遭到長期的埋沒，自然也沒有得到
再版的機會。50 年代，海外漢學家夏志清在撰寫《中國現代小說史》時，給
予錢鍾書以專章地位，對其長篇小說《圍城》有極高的評價，認為「是中國
近代文學中最有趣和最用心經營的小說，可能亦是最偉大的一部。」〔註6〕由
於他的書在 1979 年才有中譯本，他對《圍城》的評價才開始為大陸逐漸認同。
1980 年 11 月人民文學出版社重印《圍城》，首印 13 萬冊，至此後，不斷重印。
更被改編為小說連播、電視劇等多種藝術形式，研究著作和論文也不計其數。
不管是從銷量還是影響上來說，《圍城》都是 20 世紀閱讀史上一道獨特的風
景，作為知識分子小說的典範，《圍城》影響了幾代讀者。此外，小說在國外
的影響也日趨擴大，先後被譯成英、俄、法、德、日、捷克、挪威等文字，
被視為「現代的中國經典」、「中國文學史上的經典」。〔註7〕

　　《圍城》的修改是 20 世紀中國文學史上普遍存在的修改現象中的特殊個
案。從初刊到定本，作家作了多次修改，其中有兩次是全面、系統的修改：
一是從初刊本到晨光初版本，二是從初版本到 1980 年人文社本。從 1980 年
人文本到 1985 年的人文本（定本），作者又小改三次。僅前面兩次修改，總
計三千餘處，涉及內容變動的一千餘處。這些修改，內容繁複，涉及典故、
比喻、結構中的枝節、太露的描寫、外語原文及音譯等。大致說來，「初刊本
多少帶點『肉書』的痕迹，初版本則減少了這些印象，定本差不多是『潔本』
了；初刊本、初版本用典和引外語過多不免有點像掉書袋，定本則通過刪改、
注釋而成為便於閱讀的普及本；初刊本、初版本保留著當時的國語特點，定
本則體現 70、80 年代的現代漢語規範；初刊本誤植太多，初版本校勘稍好，
而定本則是精校本了。」〔註8〕儘管作家也有修改失當或錯改的方面，但總體
上看，作家不停地打磨，使得小說藝術上日趨完善，小說的修改過程也是一
個文學經典化過程。

〔註5〕無咎《〈圍城〉與「Tom Jones」》，《觀察》第 5 卷 14 期，1948 年 11 月 27 日。
〔註6〕夏志清《中國現代小說試》，第 282 頁，復旦大學出版社 2005 年版。
〔註7〕《錢鍾書楊絳研究資料集》，第 236、239 頁，華中師範大學出版社 1997 年版。
〔註8〕金宏宇《中國現代長篇小說名著版本校評》，第 181 頁，人民文學出版社 2004
　　　年版。

回擊批評的《雪垠創作集》

《雪垠創作集》　姚雪垠著

抗戰以來，姚氏在文壇上好像是一顆彗星，給讀者的印象實在太深。他的作品既不像客觀主義者的乾枯乏味，又不像某些浪漫主義者的空泛淺薄，而是將積極的浪漫主義精神溶進嚴肅的寫實手法。他不僅善於創造典型，運用口語，而且常常將最美的詩的情趣容納在小說裏邊。因此，凡讀過姚氏作品的人，都爲他在作品中所表露的才華吃驚，本社近得姚氏同意，將他認爲比較滿意的作品，統交本社出版，以饗讀者。

第一種《「差半車麥稭」》　1947 年 5 月版　懷正文化出版社

這個集子雖只包括六個短篇，卻都是姚氏的代表作品，讀了這個集子，可以看見十年來現實是怎樣發展，也可以看出來作者的風格是怎樣一步步的達到爐火純青之境。這六篇作品，有的會使你拍案憤慨，有的會使你感動流淚，有的又使你悒然微笑。其中《「差半車麥稭」》及《紅燈籠故事》兩篇，不僅在國內被認爲偉大時代的代表作品，且均早譯成數種文字，傳誦國際，被列爲世界名作之林。

第二種《長夜》　1947 年 5 月版　懷正文化出版社

這是姚氏新近完成的長篇力作，充滿了北方的原野氣息。所寫的人物是綠林好漢，生活是我們陌生的綠林生活，使你一開始就被它的緊張的情節吸住，放不下手。然而這部書卻是最有分量的，最深刻的，反映北方農村的作品。如果把現代中國劃分爲三個階段，第一階段是開始崩潰；第二個階段是

崩潰中的大黑暗，大混亂；第三個階段是覺醒和黎明；那麼這部書所反映的就是第二階段的現實了。

第三種《牛全德與紅籮蔔》　1947 年 5 月版　懷正文化出版社

　　當數年前《牛全德與紅籮蔔》在重慶發表之後，立時轟動遐邇，被認爲繼《「差半車麥稭」》後中國新文藝之光輝收穫。一直到現在，我們所有描寫北方農民性格的作品，還沒有一部能超過《牛全德與紅籮蔔》的。茲經姚氏精心補充，使此有名佳作，更成完璧。這不僅是一部小說，也是一首樸素的田園詩。要明瞭姚氏風格之美，不得不快讀此書。

第四種《記盧鎔軒》　1947 年 8 月版。（此一種未見廣告）

　　　　　　　　　　　　　　廣告載《「差半車麥稭」》封底

　　1947 年初，姚雪垠從家鄉來到上海尋求發展，隨身帶著長篇小說《長夜》和傳記《記盧鎔軒》的書稿。由於租房未果，只得暫住老友田仲濟家。此時，一家新開張的出版社──懷正文化社──的老闆（劉以鬯）找上門來，希望與姚合作，給他出版多卷本《雪垠創作集》。劉的出現，無異於雪中送炭，二人可謂一拍即合。爲了使姚雪垠安心寫作，劉請他到出版社來住。

　　在這個較爲清靜的環境裏，姚開始編選他已發表的短篇小說。由於抗戰期間，姚雪垠已出版過一個短篇創作集。這個集子以《紅燈籠故事》爲名，收有四個短篇：《紅燈籠故事》、《選舉志》、《差半車麥稭》、《碉堡風波》。列爲《大地文藝叢刊》之一，由大路出版公司於 1940 年 5 月出版。抗戰結束後，此書已絕版。因此，姚就以這本書爲基礎，去掉《選舉志》，增加了《新芽》、《伴侶》和《大選》三篇，一共六篇，全書按作品發表的時間先後爲序，另結成一個短篇創作集。由於短篇小說《差半車麥稭》影響最大，小說集就以《差半車麥稭》爲名交懷正文化出版社付印，作爲《雪垠創作集》第一種。

　　第二種《長夜》完成於 1946 年 7 月，後同時在開封《河南日報》和上海《聯合晚報》上連載。這次的出版只是從初刊到初版，並不需要作者花費大量時間修改就可以付排。這部小說是他計劃以三年時間創作三部長篇小說（總名爲「農村三部曲」）的第一部，另外兩部爲《黃昏》和《殘星》（後改爲《黎明》），作者在《長夜》的《後記》中有對後兩部小說的介紹：

　　　　在《黃昏》中要寫靜靜的舊農村是怎樣的開始崩潰，怎樣的淪

落爲半殖民地的悲慘形態。在《黎明》中要寫農村在崩潰後由混亂
走到覺醒，雖然是「風雨如晦」，但已經「雞鳴不已」。

遺憾的是，由於種種原因，姚雪垠的三部曲並沒有完成，只留下他寫的《三年寫作計劃》，詳細交代了兩部小說的構思。如能完成，「這將是一部具有史詩結構的長河式的系列長篇小說，中原近現代史將依附在一大群栩栩如生的藝術形象中重新復活」。〔註 1〕

此外，姚雪垠還著手修改《牛全德和紅蘿蔔》。這是一部中篇小說，曾發表於《抗戰文藝》第七卷第四、五期合刊。1942 年 10 月重慶建國書店出版《小說五年》（徐霞村、葛斯永與楊祥生編輯，共三集）時。《牛全德和紅蘿蔔》收在第二集中，但是這次收錄是節錄。姚雪垠利用住在懷正出版社這段日子，認真地修改了這部小說，所以廣告中有「經姚氏精心補充，使此有名佳作，更成完璧」之語。此外，他還在付印前專門寫了一篇《這部小說的寫作過程及其他》來交代該書的出版、修改等情況，作爲小說的跋放在正文之後。這就是《雪垠創作集》第三種。

這三種圖書是一起於 1947 年 5 月由懷正文化出版社推出，爲了便於促銷，劉以鬯還專門爲此書寫了宣傳廣告（文字見上）。作爲《雪垠創作集》第四種《記盧鎔軒》的出版時間比第一批晚了三個月，這部書嚴格地說屬於傳記。盧鎔軒是舊社會中的科學家，有了新發明，不但得不到鼓勵，而且到處

〔註 1〕吳永平《隔膜與猜忌——胡風與姚雪垠的世紀紛爭》，第 189 頁，河南大學出版社 2006 年版。

碰壁。作家在記這位愛國的科學家時，著墨不多，卻寫得十分動人，使讀者在閱讀這本書時產生被重物壓迫的感覺。懷正文化出版社原本想繼續出下去，但是自從《記盧鎔軒》出版後，國共之間交戰的戰區擴大。「出版社發出去的書，多數收不回書款。幣值大跌，通貨出現惡性膨脹。在這種情況下，保留白報紙尚可隨時售出；將白報紙印成書籍，非蝕本不可。出版社陷於半停頓狀態，無法繼續出書。《雪垠創作集》當然也出不下去了。」〔註2〕

雪垠創作集

姚雪垠著

抗戰以來，姚氏在文壇上好像退一戰甚囂，輪讀者的印象實在太深。他的作品既不像客觀主義者的乾枯之味，又不像某些浪漫主義者的空疏之弊，而是將樸質的洒脫練字造詣寫實手法，運用口語，而且善於緊張類型的情趣容納在小說裏邊。因此，凡讀過姚氏作品的人，都寫他在作品中所流露的才華吃驚，咸認寫比較廣眾的作品。挾交來此出版，以餉讀者。

第一種　差半車麥稭

證國妻子雖只包括六個短篇，卻都是姚氏的代表作品。寶？微個妻子，可以看見芸芸眾生之境。這六個作品，有的會使你拍案讚歎，有的會使你盛讚羨渡，有的又使你情緒激盪。其中「差半車麥稭」及「紅雲慘故事」兩篇，不僅在國內被認為偉大時代的代表作品，且均早譯成數種文字，傳播國際，躍列入世界名作之林。

第二種　長夜

這是記氏新近寫成的長篇力作，充滿了北方的原野氣息。所寫的人物是梅林好漢，生活是和我們陌生的梅林生活，使你一開卷就被他的緊張的情節吸住，放不下⋯⋯

第三種　牛全德與紅蘿蔔

當數年前「牛全德與紅蘿蔔」亦重慶發表之後，立時頗動望眼，被驚認跟「差半車麥稭」從中國新文藝之光輝教授。一直現在，我們所有描寫北方農民性格的作品，還沒有一部能超過「牛全德與紅蘿蔔」的。這題號頁鍾心暢光，使與有名佳作，完成完璧。還不僅是一部小說，也是一首妻視美麗的田園詩。雲明磊藏氏風格之模，不得不快讀此書。

但面讀都會認是最有分量的，最深刻的，反映北方農村的作品。如果把現代中國農村劃分為三個階段，第一個階段是凋些崩潰，第二個階段是覺醒或掙扎，那麼這部書所反映的就是第二階段的可貴了。手。然面讀都會認是最有分量的⋯⋯

　　《雪垠創作集》是中國新文學出版史上的一段佳話,「反映了一種新型的出版商與作家之間的關係」〔註3〕。但是,它的出版後面還有一場涉及姚雪垠(作家)和胡風派(批評家)之間的一場恩怨,值得一提。

　　在短篇小說集《差半車麥稭》的編選工作結束時,姚雪垠爲此小說集寫了《跋》(1947年2月5日)。這篇跋文除簡要交代本書的遍選情況之外,主要是對自己所受到的種種批評發泄了不滿:

> 　　雖然我自己感到慚愧,卻有兩種人看見這個集子的貧乏會感到快慰:一種是被我的筆尖刺疼的,另一種是在新文學陣營中抱著天無二日地無二王的觀念,除相信他們自己的小圈子是最正確和最進步的理論家或作家之外,決不相信別人對這時代也曾有些微貢獻。我承認這兩種人的立場是絕對不同的,但他們卻不謀而合的有一個共同願望,即是將我永遠的放逐或輕輕的判處死刑。
>
> 　　過去既然我不曾見利失節,畏威移志,今後當然也不會對任何強者低頭。……生活是戰鬥,我的武器就是筆。除非我眞正死掉,我相信沒有人使我繳械。爲了我對這時代應負的責任,而不是爲要使前邊所指的兩種人感到失望,我今後更要仔細的,大量的,沒有休止的創作下去。繼這個集子之後,我還有許多作品,將陸續的,一部部的拿出來,毫不猶豫的拿出來。善意的批評我絕對接受,惡意的詆毀也「悉聽尊便」。我沒有別的希望,我只希望這些表面革命而血管裏帶有法西斯細菌的批評家及其黨徒能拿出更堅實的作品來,不要專在這苦難的時代對不能自由呼吸的朋友擺攞。

這本應該是批評家與作家關於不同文藝觀點的爭鳴,但姚在跋文中把矛頭直指所謂的「帶有法西斯細菌的批評家及其黨徒」,把幾年來蒙受他們對自己的人生誣陷、攻擊所遭受的委屈統統發泄了出來,他要告訴他們自己的作品不但沒有被打倒,反而得到得到了出版的機會。

　　在稍後爲《長夜》寫的《後記》(1947年3月14日)中,作家直接點出了胡風派,對他們對自己作品的指責和創作潛力枯竭的斷定逐一給予了有力的回擊:

> 　　一年前,胡風派的朋友們曾經對我的作品展開了激烈批評,…

〔註3〕吳永平《隔膜與猜忌——胡風與姚雪垠的世紀紛爭》,第194頁,河南大學出版社2006年版。

…他們說我的《差半車麥稭》是革命的公式主義,《牛全德和紅蘿蔔》自然也是,而且他們從後一部作品中斷定我創作人物的本領已經完了。他們忘掉了一個事實,就是《差半車麥稭》這小說發表於抗戰開始後的次年春天,也可以說是最早地寫出了從落後到新生的農民典型。這之前沒有公式,這之後漸漸地成了公式。……至於他們說我不能夠再創造出新的人物,那不是一向目空一切地小看慣圈外朋友,……但我相信至少在十年內我的人物不會有枯竭的時候。在這部小說中我又寫出了幾個人物,在下一部小說中可能會寫出更大更多的典型性格。

半個月後,在為《牛全德和紅蘿蔔》寫下的跋《這部小說的寫作過程及其他》(1947 年 4 月 1 日)〔註4〕中,姚雪垠又對胡風派發出了挑戰,系統地批判了胡風的文藝觀、宗派主義思想,並指出其危害性。

關於胡風先生理論上的法西斯毒素和機械論色彩,以及他對中國民族文化的毫無所知,對人民生活的隔膜,他的剛愎的英雄主義和主觀主義,這一切不配做好批評家的弱點我今天都暫且不談……關於「胡風派」這個名詞,有朋友勸我不用,為的是免得別人說文壇上真有派別,其實胡風派的存在盡人皆知,用不著掩耳盜鈴,我們希望胡風派能放棄過去的狹隘作風,為整個的聯合戰線而努力。我提出「胡風派」這名詞,毫無惡意,我認為宗派主義是鞏固聯合戰線德一大障礙,不如揭穿了的好。兩年來,文壇上稍有成就的作家如沙汀,艾蕪,臧克家,SY 等,沒有不被胡風加以詆毀,全不顧現實條件,全不顧政治影響。青年本是熱情的,經胡風先生一鼓勵,一影響,就常常拋開原則,不顧事實,任意污蔑,以攻擊作家為快意。一般純潔的讀者見胡風派火氣很大,口吻很左,就誤認為胡風派是左派的代表,於是風行草偃,一倡百和,形成了很壞的風氣。

應該說,《雪垠創作集》順利出版這一點讓姚雪垠覺得很有成就感。因為作為作家的姚雪垠知道,只有作品才是回擊批評的最好方式,他的作品現在

〔註 4〕此文寫成後,又很快發表於北京的《雪風》(1947 年第 3 期),編輯將原題改為《論胡風的宗派主義──〈牛全德與紅蘿蔔序〉》。隨後,有報紙又轉載了這篇文章。這樣,這篇文章在書、刊和報紙三處發表,在文壇上產生了很大的影響。

不斷地得到出版，證明了自己作品還有大量的讀者市場，他的創作還有很強的潛力，他還有更宏偉的創作計劃。所以，他利用為作品寫序跋的機會，發洩了對胡風派的不滿，並宣稱自己並不是一個可以隨意打敗、擊倒的作家。他這種帶有挑釁的回擊，唱了一齣「三氣周瑜」，自然讓慣於論爭的胡風派如哽在喉，所以他們必須反擊。阿壠在 1947 年 8 月初寫出了《從「飛碟」說到姚雪垠底歇斯底里》的初稿，後經胡風批閱修改，推薦到了樓適夷主編的《時代日報》的「文化副刊」發表。阿壠的文章對姚雪垠的作品以及其「典型」創造極力貶低：

> 姚雪垠底讀者多，不是別的，是那裡面有著「色情」的東西，在今天的政治局勢下，對於生活苦悶的小市民，是一種刺激劑也是一種麻醉劑而已。這種「娼妓文學」，它的讀者愈多，並不正比例地證明它底愈好，偉大，只有反比例地指出它的愈壞，格外下流。

> 姚雪垠，不過外部地「刻畫」了他的人物而已。不要把「刻畫」看得太高貴吧。假使你沒有力量以至意念使你的人物從內部活起來，那種「刻畫」只是市儈底偽裝術和美容院，那種「具體」只是所謂「形象化」的手法而已──和「新時代」和「革命」，那是毫不相干的。〔註5〕

胡風也提筆寫了《先從衝破氣氛和惰性開始》（1947 年 8 月 30 日）〔註6〕，文章不點名地對姚雪垠近期出版的作品給予了嚴厲的批評，認為他的作品是投小市民之所好：

> 他們喜歡輕鬆，就送給他們輕鬆，他們喜歡機智，就送給他們機智，他們喜歡趣味，就送給他們趣味，甚至他們喜歡色情，就送給他們一些色情。這樣，至少是在感受的幅度上，我們和這個時代的痛苦而偉大的廣大人民，他們的雄壯的氣魄，他們的堅貞的願望，漸漸地遠離了，漸漸地離開了。

所以，胡風發出了這樣的感歎：「從這裡，最基本的東西遭到了遺棄，最堅貞的東西遭到了湮沒，被遺棄被湮沒在這一片五色繽紛的迷霧裡面。」最後，

〔註5〕阿壠《從「飛碟」說到姚雪垠底歇斯底里》，《時代日報・文化副刊》，1947 年 9 月 3 日至 5 日。

〔註6〕胡風《先從衝破氣氛和惰性開始》，《中國作家》第 1 卷 1 期，1947 年 10 月 1 日。

他還對姚雪垠的作品歸結爲一個字──「騙」，欺騙出版商，欺騙讀者，欺騙
輿論。甚至他設想了姚雪垠讀到此文之後可能會有的辯解：

> 各位，他冤枉了我的作品，請你們主持公道，我的作品裏面又
> 有三種典型的女性，又有人民大眾的生活，又有《紅樓夢》的技巧，
> 又有托爾斯泰的手法，讀者又多，他嫉妒我，善心的各位，同情我
> 罷！

除了阿壟、胡風寫文章予以回擊外，胡風還策劃在《泥土》第 3 期以「讀
者來信」的形式刊登了反擊姚雪垠的文章。這些文章較少理論的分析，大多
是無原則的謾罵與攻擊，在 40 年代末的文壇造成了極不好的影響。

其實，早在此事之前，郭沫若鑒於胡風派與文壇的對立，他就撰寫了《想
起了斫櫻桃的故事》對胡風等人進行了善意的規勸：

> 我們今天自然是應該建立批評的時候，彈藥建立批評，必須建立
> 自己的誠意。誠心誠意地爲人民服務，這是今天我們做人的標準，也
> 就是做批評的標準。在這個標準之下，明是非，分敵友，誠愛憎，慎
> 褒貶，這都是原則上的問題。……我們做到了這些，還得遵守著一個
> 禁條，便是不許挾雜絲毫個人的意氣……沒有充分的研究，通盤的衡
> 量，適度的表達，批評實在是不容許輕易寫作的。無條件的「一團和
> 氣」固然不好，無條件的「一團火氣」更加糟糕。它不僅會糟蹋了批
> 評，而且會糟蹋了朋友，糟蹋了自己，糟蹋了一切。〔註7〕

從姚雪垠與胡風派這一場的論爭看，郭沫若的規勸不但沒有湊效，反而更加
激起了胡風派的戰鬥精神。

〔註 7〕郭沫若《想起了斫櫻桃的故事》,《文匯報・新文藝》,1947 年 3 月 24 日。

臧克家和曹辛之合編《創造詩叢》

《創造詩叢》　　臧克家主編　　上海星群出版公司 1947 年 10 月版

　　這裡的十二位作者的年齡、出身、職業都各不相同，他們的詩的題材和技巧也都各異，有的像冬天的爐火使人溫暖；有的像和煦的春風使人旺生；有的像大海潮汐，黎明的雞聲或早號，使人奮勇鼓舞；有的像一隻放出去的信鴿，寄託了善良暖和、向上的一顆真心。今日中國的詩壇，一次出版十二種這樣豐富多樣的詩集，恐怕還是第一次。它的問世，實為每一個愛好新詩和學習寫詩的讀者們最大的喜訊。

　　本書前有主編臧克家的序文，給讀者在閱讀時對作品的理解上尤多幫助。

　　廣告來自范用編《愛看書的廣告》，第 52 頁，生活·讀書·新知三聯書店 2004 年版

　　靈夢錄　　　　　　杭約赫著　　　　　　星群出版公司 1947 年 10 月版

　　作者是個畫家，但「厭棄了彩筆」來學「發音」和「和聲」，抓住一點向深處探尋，把它凝結成晶瑩的智慧。

　　最後的星　　　　吳　越著　　　　　　（同上）

　　他始終懷戀著她底靈魂的歸宿地——鄉村，這種懷戀使他的詩篇籠罩上了由真實生動親切的感情所釀造的那團氣氛。

　　地層下　　　　　蘇金傘著　　　　　　（同上）

　　這裡的詩大半取於農村。作者給讀者的印象——樸素，樸素的不僅是詩的外貌，而是詩貫激了整個詩體的靈魂。

沙漠　　　　　　　沈明著　　　　　　（同上）

他的詩裏蒙著一層鬱悶和深沉的暗光。他體味了生活，又把這體會一再提煉過，給他的讀者們獻出了「溫暖」。

號角在哭泣　　　　青勃著　　　　　　（同上）

他召喚著新生的，將至而未來的，召喚得那麼熱切和使人感動！他的每一行詩就是一股永不回頭的衝擊力。

歌手烏卜蘭　　　　索開著　　　　　　（同上）

作者寫出了他故鄉的貧窮和苦難。他那沉鬱滯重冗長的詩句，有讀了陀斯托益夫斯基的作品之後的那種感覺。

隨風而去　　　　　方平著　　　　　　（同上）

這裡的詩不但只是教你去咀味它本身的苦澀，他每一行詩句都像一條幽深的曲徑，帶領著你向他感覺得高峰一步步走去。

夜路　　　　　　　黎先耀著　　　　　（同上）

這裡給我們展開了不同的生活，對這些被生活壓倒的苦難的人群，作者為他們寫下了激越的呼號。

騷動的城　　　　　唐湜著　　　　　　（同上）

由於作者想像力的超脫和辭藻的豐盛，他的詩美麗而真實。那種複雜的情感和思想，處處都閃爍著空靈而多樣的光彩。

掘火者　　　　　　康定著　　　　　　（同上）

他給他底人物塗上了色彩，使他們生動而活鮮。那些優美的意境和詩句往往脫穎而出，給人猝然的一個驚喜。

嬰兒的誕生　　　　李搏程著　　　　　（同上）

對於窮苦的農民和工人，他沒有喊叫反抗，他只寫出了他們底生活情景，然而每一行詩句都是個有力的控訴。

告別　　　　　　　田地著　　　　　　（同上）

作者是道地的農家孩子，他的詩像小孩子口裏的話，他蹙著眉頭向我們訴述那貧瘠的土地和那些農民的生活。

每冊基本定價國幣二圓　十二冊合購國幣二十四圓

廣告載《騷動的城》1947 年 10 月初版封底

1945 年年初，曹辛之、林宏、郝天航等人計劃開個書店。此舉得到臧克家的贊同和支持，他還把自己的作品《罪惡的黑手》和《泥土的歌》交給出

版以版稅充作股金。1946 年春，星群出版社在上海成立，由曹辛之主持日常
工作，從編輯、校對、跑印刷廠、購買紙張，甚至財務等，所有的工作基本
都由他來處理。依靠他與生活書店出版部的關係，以先印書後付錢的優惠條
件開始出版業務。創立伊始，在臧克家、曹辛之等人的努力下，出版社得到
了一批作家的支持，吳組緗的《山洪》、駱賓基的《北望園的春天》、吳祖光
的《牛郎織女》以及臧克家的《泥土的歌》、《罪惡的黑手》陸續出版，星群
出版社很快在上海站穩了腳。幾乎在書店掛牌的同時，在臧克家、郝天航、
沈明、方平等人支持下，曹辛之和林宏又集資創辦了詩刊《詩創造》（月刊），
由星群出版社印行，編者爲曹辛之、林宏等。由於作者陣容整齊，詩歌作品
水平高，以及刊物的裝幀、設計，詩刊很快受到文藝界的好評，每期印行一
兩千冊，很快就被愛好者搶購一空。除國內各地，甚至還遠銷香港、新加坡
乃至整個東南亞地區。

　　作爲一家出版社，除了印行《詩創造》外，自然還需要開展其他業務。
因《詩創造》的存在，彙聚了一大批詩人，隨著詩刊的不斷出版，特別是年
輕詩人的作品逐漸增多，把這些詩人的作品收集起來印行單行本不但可爲出
版社增加業務，也可讓他們的作品得到長期地保存和傳播。更重要的是，通
過這套叢書可以讓他們得到一次集中地展示，進而順利地問鼎文壇。所以，《創
造詩叢》也就應運而生了。作爲一套叢書，主編尤爲重要，他不但是叢書的
旗幟，也是「票房」的保證。臧克家自 1933 年出版《烙印》問鼎詩壇之後，
又陸續出版了《罪惡的黑手》、《自己的寫照》、《從軍行》、《泥土的歌》等詩
集，逐漸成長爲三四十年代的著名詩人。在星群出版社的創立以及《詩創造》
的具體編輯工作上，儘管他沒有具體參與，但他一直支持星群出版社以及《詩
創造》的發展，不但爲出版社和詩刊廣泛聯繫作家，代爲組稿，還經常在大
方向上給予指導，如確定刊物要搞現實主義，政治色彩不要太強等。當星群
出版社策劃出版《創造詩叢》時，讓文壇知名詩人的他來擔任主編可謂最佳
選擇。

　　《創造詩叢》共十二冊，1947 年 10 月初版於上海。對於大多新文學叢書
而言，通常的情況是，先彙集幾種出版，以後再陸續出版，而一次出齊的情
況極爲小見。而在四大文類中，以現代詩歌爲對象的叢書本來就比較少，而
一次出版十二本詩集確實頗爲罕見，所以在它的宣傳廣告中，打出了「今日
中國的詩壇，一次出版十二種這樣豐富多樣的詩集，恐怕還是第一次」、「轟

動全國詩壇的一件盛事」的噱頭。這十二種詩集分別是：

　　杭約赫的《靈夢錄》，上下兩輯，每輯收詩6首，共31頁。

　　吳越的《最後的星》，收詩18首，共34頁。

　　蘇金傘的《地層下》，收詩8首，共32頁。

　　沈明的《沙漠》，收詩12首，共31頁。

　　青勃的《號角的哭泣》，收詩15首，共31頁。

　　索開的《歌手烏卜蘭》，收詩3首，共28頁。

　　方平的《隨風而去》，收詩11首，共33頁。

　　黎先耀的《夜路》，收詩4首，共32頁。

　　唐湜的《騷動的城》，收詩9首，共32頁。

　　康定的《掘火者》，收詩13首，共31頁。

　　李摶程的《嬰兒的誕生》，收詩9首，共30頁。

　　田地的《告別》，收詩12首，共30頁。

　　每一本都以集中的一首詩題為書名，未編號，詩集大都30餘頁。這些詩人的詩作部分在《詩創造》上發表過。從這些作者的年齡看，除蘇金傘有 40

歲、吳越 36 歲外，大多只有二十幾歲，田地、黎先耀甚至剛二十歲，皆當時
意氣風發、風華正茂的青年詩人。正如廣告中所說「十二位作者的年齡、出
身、職業都各不相同，他們的詩的題材和技巧也都各異」，而這次叢書的出版
給了他們一次集體亮相的機會，引起詩壇不小的轟動。

作為主編的臧克家寫了《論十二位詩人的詩》作為這套叢書寫了總序，
[註1]他高度讚美了這些青年詩人，「他們的熱情有如春汛；他們感覺新穎而
尖銳；他們向前奔赴，率真又勇敢；希望從拉滿的弓弦上射出去，帶著耀眼
的光芒，嗖嗖的響聲。」在這個殘酷的時代裏，詩人在廣闊的生活中迸射出
了血一樣的詩句：「在窒息的空氣裏，他們以自己的詩句呼吸；在悲痛的心境

[註 1] 總序發表在 1947 年 9 月 26 日《大公報》上。由於總序中對每一位詩人都進
行了評論，所以，在出版叢書時，在每一本詩集前附上的臧克家寫的序，就
從總序中抽取而來，這樣總序就轉化成 12 篇序，只是前面八段完全相同，只
最後一段是針對本集詩人作品的評論。

下，他們以自己的詩句哭泣；在扼抑的喉嚨裏，他們以自己的詩句怒吼；在生之鬥爭的戰場上，他們以自己的詩句作戰」。這些詩人的生活都不一樣，他們的詩的風采也就各異，「有的像冬天的爐火使人溫暖；有的像和煦的春風使人旺生；有的像大海潮汐，黎明的雞聲或早號，使人奮勇鼓舞；有的像一隻放出去的信鴿，寄託了善良暖和、向上的一顆真心。」最後，他逐一對這十二位詩人的詩作進行了簡要而精當的評介，這些簡短的評介確可以幫助讀者閱讀理解詩人的作品。如他對蘇金傘的詩的看法：

> 蘇金傘的詩讀的很多，而印象卻只有一個：樸素。樸素的不僅是詩的外貌，而是貫徹了整個詩體的靈魂。作者雖不是地道農民，但至少他瞭解他們，和他們結在一起。他的詩材大半取於農村，他酷愛這受難的土地，土地上受難的農民，而支付出他的熱愛和深憎。他的句子看上去很素淨沒有斧鑿的印痕，可是，味道卻很醇，有點「土心」氣，然而這卻並不是什麼衝突，反之，他的情感是頗為濃鬱的。

由於主編臧克家此時正主持《僑聲報》的文藝副刊《星河》和《學詩》詩專頁，後又主編文通書局的《文訊》月刊，自己還要從事創作，工作十分繁忙，身體也不好。雖然是叢書的掛名主編，但許多具體工作落在了作為書店的負責人曹辛之身上。所以，臧克家在回憶錄中專門提到了「在辛之的鼓勵和協助下，我主編了一套《創造詩叢》。」〔註 2〕事實上，這套叢書從策劃選題、組織編選、裝幀設計、廣告宣傳等各個環節，曹辛之都全程參與。不但協助主編完成了詩集的編選任務之外，為了擴大這套叢書的影響，曹辛之還為這套叢書撰寫了兩種樣式的宣傳廣告，第一種就是上面所錄，以這套叢書為對象，對選入這套叢書的詩人、作品風格以及歷時地位給予了評介。第二種就是逐一為每一本詩集寫了 50 餘字的廣告詞。儘管這些廣告文字大多出自臧克家的總序，但他在撰寫廣告詞並沒有全盤抄襲，而是選擇性拼接和補充，使之更精練、簡潔。如以他為蘇金傘的《下層地》的廣告詞：

> 這裡的詩大半取於農村。作者給讀者的印象——樸素，樸素的不僅是詩的外貌，而是貫徹了整個詩體的靈魂。

與上文中所引的臧克家的評論作以對比，就可見撰寫者在臧的前面四句話上進行了高度的概括。又如在為黎先耀的《夜路》寫的廣告詞：

〔註 2〕臧克家《臧克家回憶錄》，第 194 頁，北京：中國工人出版社 2004 年版。

這裡給我們展開了不同的生活，對這些被生活壓倒的苦難的人群，作者為他們寫下了激越的呼號。

再來對照臧克家對黎先耀詩的評介，就可知道曹辛之撰寫這些廣告詞是用了功夫。

黎先耀的詩給我們展開了不同的生活。而所謂生活，實在不能算是生活，連襯托它的背景都是塗著那麼灰慘慘的色調。為什麼他不寫別的而寫了這一些呢？因為他熟悉這些，對於這些被生活壓倒的苦難人群，他有種親切得感覺。這種親切，如其說出發於同情，毋寧說來自不平。他同他們都是感「夜路」的同伴，一樣在受著煎熬。他的詩句，隨著情感進展，進展的很自然，不放縱也不局促。有時，把精華無意的接穴在一個句子，甚至一二個字上，但不使人覺得他在雕琢。

此外，作為一位圖書裝幀設計者，曹辛之還為《創造詩叢》每一本圖書製作了封面設計。經他的巧妙設計，這套叢書變成一套精美的袖珍型小書，開本不大，只有三十六開，每冊也就三十餘頁。但書的裝幀非常漂亮，封面最上面是「創造詩叢」，大號草書，其次是「臧克家主編」，中號宋體字，正中是該詩集的題名，最大號宋體子，下面是詩集作者名，手寫體；最底下是「上海星群出版公司刊行」，黑底白字。每一本詩集封面上有四種字體，三種顏色，搭配得體。封面採用同一幅版畫，但每一冊的配色各不相同，放在一起特別美觀，雖五顏六色，卻絲毫不覺得俗氣。此外，詩集的版權頁設計、目錄以及封底也別具匠心。讀者在還沒有打開這些詩集之前，已經被這些明麗、清新、挺秀，具有獨特的藝術風韻的封面吸引了。這套詩集體現出「把美術家的個人風格和原作的精神面貌完整地統一在一個裝幀設計中」，〔註 3〕成為一個個精美的藝術品。

〔註 3〕方平《如飲芳茗　餘香滿口——談曹辛之的裝幀藝術》，《文藝研究》1984 年第 4 期。

女作家主編的女作家集《無題集》

趙清閣主編　無題集　現代中國女作家小說專集

上海晨光出版公司 1947 年 10 月初版

趙清閣女士特約請五四運動以來中國文壇上著名的女作家十二人，冰心，袁昌英，馮沅君，蘇雪林，謝冰瑩，陸小曼，陸晶清，沈櫻，鳳子，羅洪王瑩及趙清閣等各人寫一個短篇，集成本書，共計十二篇，長者五六萬言，短者數千言，篇篇是作者為本集而特寫，從未發表，全書約四百餘頁，附作者小傳及近影及手迹等，彩色插畫，書已付印，十月上旬出售。

冰　心：	無題	袁昌英：	牛
馮沅君：	倒下了這個巨人	蘇雪林：	黃山齋在金陵獄
謝冰瑩：	離婚	陸小曼：	女兒集
陸晶清：	河邊公寓	沈　櫻：	洋娃娃
鳳　子：	畫像	羅　洪：	儈子手
王　瑩：	別後	趙清閣：	落月無限愁

定價每冊二十八元，加一千四百倍實售三萬九千二百元，憑優待券購買本書可享八折優待。

廣告載《人世間》第 2 卷第 1 期，1947 年 10 月 1 日

在中國新文學史上，女作家的數量不但多，而且其文學成就也頗為壯觀，真可謂群星璀璨。但大多女作家只是「坐家」，真正走向社會，參加文學組織、創辦出版社、主編文學刊物、叢書等，成為文學活動家的女性作家可謂鳳毛麟角。而趙清閣可謂算一位頗具文學活動能力的女性作家。趙清閣（1914～

1999），河南信陽人，早年學畫後開始文學創作，從 20 世紀 30 年代初開始步入文壇，在《新河南報》、《民國日報》和上海《女子月刊》發表詩歌、散文和雜文，同時爲報紙主編《婦女》、《文藝》周刊。1936 年任上海女子書店總編輯，南京「中電」製片場編劇，主編過《婦女文化》月刊。抗日戰爭爆發後，在武漢參加中華全國文藝界抗敵救亡協會並爲華中圖書公司主編《彈花》文藝月刊，後又主編《彈花文藝叢書》。1943 年在成都中西書局主編《中西文藝叢書》，翌年任重慶《新民報》特約撰述。此後又爲重慶黃河書局主編《黃河文藝叢書》等。抗日戰爭勝利後，主編上海《神州日報》副刊，並爲《大公報》、《申報》、《人世間》、《文潮月刊》等報刊撰稿，並擔任《文潮月刊》編委。1948 年任教於上海戲劇專科學校並任上海大同電影公司編劇。如此卓越豐富的編輯生涯，在中國現代女作家中，罕有人可與匹敵。

　　1947 年趙清閣主編的《無題集——現代中國女作家小說專集》可謂其文學活動中的精彩一筆，該小說集以其獨特的選題、裝幀設計以及文本的歷史價值在新文學史上具有獨特的意義。該集《無題集》的策劃和出版還要從上海晨光出版公司的成立說起。1945 年底，趙家璧自渝返滬，良友圖書公司因股東內部意見分歧，趙家璧在良友處境艱難。他萌生了自立門戶的想法，但苦於資金短缺。老舍因從美國出版商得到一筆稿酬，於是就贊助趙另辦一家出版社。這樣由老舍出錢，趙任經理兼總編輯的上海晨光出版公司於 1947 年 6 月正式成立。爲了讓書店立足上海出版界，趙家璧早在醞釀期間就想出了許多點子，計劃出版老舍的《偷生》、《惶惑》、巴金的《寒夜》、錢鍾書的《圍城》、師陀的《結婚》等名家作品；策劃編《晨光文學叢書》等。同時，趙家璧還敏銳地觀察到出版界還沒有對女作家作品的系統介紹與彙集，於是他萌生了編一套包括中國現代女作家散文、詩歌、戲劇和小說等的專集的叢書。想好了選題後，確定主編的人選頗爲關鍵。由於趙清閣當時正居上海，與趙家璧、老舍極爲相熟，而且她又是上海婦女文藝研究會的發起人，結識了大量的女作家，更重要的是，這套以女作家爲對象的叢書也頗合趙清閣的心意。「我正想找機會讓二十年代以來，輟筆已久的著名老一輩女作家們重新拿起筆來，寫出他們的錦繡篇章，也好不被讀者遺忘，文壇堙沒。」〔註1〕正因爲雙方不謀而合，所以當趙家璧向趙清閣提起這個選題時，趙非常樂意地接受了這項任務。

〔註 1〕趙清閣《哀思夢沈櫻》，《新文學史料》1995 年第 4 期。

　　按編書的慣例，作爲書店經理的趙家璧只需要找對主編，至於如何組稿、如何編選等事宜就主要由趙清閣具體負責了。趙清閣在《序》中對這一過程有介紹：

　　　　最初計劃出版《中國現代女作家小說專輯》的時候，還遠在今年的春二月。爲了這件工作的歷史意義，雖明知其艱巨，仍勉力承當。首先，僅聯絡各女作家，就費了九牛二虎之力，因爲她們都散居在國內外各地。通訊網建立以後，便分頭約稿，指定請她們每人爲這集子寫一篇小說。幸而承她們都很友情地應允了，（少數因病或因事忙未及交卷。）但集稿卻化了幾個月的時間，儘管如此，這集子終竟是編成了。〔註2〕

從趙清閣寫給這些女作家的約稿信（如馮沅君1947年3月9日寫給趙清閣的回信，談及趙向她約稿事宜）可知，她二月接受這項任務，立即著手聯繫作家。由於這些作家分居各地，有些地址也不甚清楚，後來的情況看，只有 11 位女作家寫了作品。其餘的如白薇、陳衡哲、丁玲等就因聯繫不上，林徽因則因病未能寫，這些作家作品只好闕如。由於需要這些女作家的未發表的稿件，新創作這些作品自然需要時間，所以作家交稿的時間就比較長。從趙清

〔註 2〕趙清閣《序》,《無題集》,上海晨光出版公司 1947 年版。

閣寫於 1947 年 8 月 1 日的《序》可知，編成此書的時間用了將近半年。這些交稿的女作家作品分別爲冰心的《無題》、袁昌英的《牛》、馮沅君的《倒下了這個巨人》、蘇雪林的《黃山齋〔註3〕在金陵獄》、謝冰瑩的《離婚》、陸小曼的《皇家飯店》、陸晶清的《河邊公寓》〔註4〕、沈櫻的《洋娃娃》、鳳子的《畫像》、羅洪的《劊子手》、王瑩的《別後》。此外，趙清閣自己也寫了一篇《落葉無限愁》，這樣共十二個短篇。

八月初編訖，十月這本以《無題集——現代中國女作家小說專集》爲名小說選集順利問世，書店還特地爲此書刊出了廣告（如上引）。該書的封面設計頗具創意，以上紅下白分配整個封面，上紅部分主要有書名以及晨光出版公司的出版標記。下白部分主要按目錄順序列出了這十二位作家及作品，左下角還有一女性戴著眼睛的側面素描小影。整個封面顏色搭配相宜，在突出性別特色的同時，又頗具書卷氣，給人印象十分深刻。在內容的編排上也頗具特色。在每篇作品之前附印作者照片、手迹和作者小傳。照片能使讀者在閱讀作品之前，能對作家有一個直觀的印象（其中馮沅君和陸晶清缺照片，沈櫻則以畫像代替）；而作家的手迹更可作爲作家的書法作品看待，袁昌英的工整，蘇雪林的流暢，陸小曼的涓秀，羅洪的挺拔，極富書法觀賞價值；作家小傳則可據此瞭解作家的創作歷程以及成就。儘管在當時並不顯得珍貴，但現在看來，這些照片和手迹以及作家小傳卻頗具歷史價值，是瞭解這些已被歷史堙沒的女作家的可信的史料。至於小說集的內容，趙清閣在《序》中也對每一篇進行了簡要的評析：「冰心……揮汗爲撰《無題》，其文筆幹練，意境卓越，誠屬難得之作；馮沅君女士二十載未嘗寫小說，今破例寫《倒下了這一個巨人》，雖短而精，雖簡而工，袁昌英女士亦久未著小說，近抱病完成了《牛》，蘇雪林在百忙中寫《黃山齋在金陵獄》，二人之文筆均較綺麗，技巧也極純熟，究竟不愧出自前輩之手。陸小曼女士輟寫廿年，近特爲執筆《女兒劫》，描繪生動細膩。陸晶清女士自英倫寄來異國情調的《河邊公寓》，王瑩女士自紐約寄來追溯往事的《別後》，以及沈櫻女士的《劊子手》，篇篇均爲力作，且皆有獨到之處。至於我自己的《落葉無限愁》，叨陪末座，不過

〔註3〕據陳學勇考證，「黃山齋」係誤排，應該爲「黃石齋」。

〔註4〕上引廣告上表明陸小曼的作品題目爲「女兒劫」，但後來的題目爲「皇家飯店」，可見「女兒劫」是初名。此外廣告中馮沅君的作品題名爲「倒下了這一個巨人」在書封面上是「倒下了這個家族的巨人」，而在書中確是「倒下了這個巨人」。

充塞篇幅而已，……」〔註5〕

　　從趙清閣所聯繫的女作家看，她確實有把三個十年中的女作家都囊括進來的意圖，只不過由於種種條件限制，並沒有全部實現，但僅這 12 位作家看，這些作家卻包含了既有在二十年代就登上文壇的謝冰心、馮沅君、蘇雪林、又有在聞名於三十年代的袁昌英、陸晶清、謝冰瑩、趙清閣等，還有在四十年代的文學新人王瑩、鳳子、羅洪等，在本作品集中部分實現了新老女作家的共聚一堂。而所收入的小說（事實上，馮沅君的《倒下了這個家族的巨人》和王瑩的《別後》並非小說，實際上是散文）對這些女作家來講卻頗具紀念意義。沈櫻的《洋娃娃》是她在大陸的最後一篇作品，陸晶清的《河邊公寓》是她的最後一篇小說，鳳子的《畫像》是她很滿意的一篇作品，以至她後來出版了以「畫像」為書名的小說集。馮沅君、袁昌英在新中國成立後主要從事教育和學術研究，她們為此集寫的小說都成了文學創作生涯的絕筆之作。陸小曼的《皇家飯店》揭露了孤島時期上海婦女的悲慘命運，怒斥了敵偽社會的罪惡黑暗，反映了她正義的思想。寫作手法新穎，描寫細膩。她在寫作上是頗具才華的，但這篇小說寫完她就患了肺氣腫，十年不愈，這篇作品也成了她生前最後的遺作。趙清閣創作的一個短篇小說《落葉無限愁》，這篇小說更具有紀念意義。小說敘述了中年的邵環教授，有妻子，有兩個孩子，但卻愛上了未婚的才女燦。抗戰勝利後，燦悄然離去，並留下一封婉拒書。邵環教授讀完這封信，離家出走，去上海尋找燦。而燦還是顧忌邵環有家室。她承認自己心情矛盾，但她告訴邵環：「因為我們是活在現實裏的，現實會不斷地折磨我們！除非我們一起去跳江，才能逃避現實，才能克服矛盾。」當邵環要求與燦一起離開上海時，燦卻下定決心悄悄地離開了原住處。失望中，「邵環倒在泥濘中，落葉寂寞地埋葬了他的靈魂」。這篇具有濃厚的自傳色彩實際上就是暗示了她與老舍之間戀情的結局。

　　按預定計劃，趙清閣在完成《無題集》後還將陸續主編出中國現代女作家散文專集、詩歌專集、戲劇專集。她在《序》也有提及：「為了尚繼續編成散文，詩歌，戲劇各集，所以此次所約的女作家並不普遍。同時，在這集子裏已經寫過的作家，下次依然還要請他們參加。我是希望女作家們來共同完成這個計劃。」〔註6〕但遺憾的是，這一計劃並未完成。原因可能與當時的政

〔註 5〕趙清閣《序》，《無題集》，上海晨光出版公司 1947 年版。
〔註 6〕趙清閣《序》，《無題集》，上海晨光出版公司 1947 年版。

治形勢有關，趙清閣所邀約的作家中如沈櫻、謝冰瑩、蘇雪林都先後去了臺灣，這種帶有「嚴重政治錯誤」的約稿自然會遭到中共文化界的不滿。續編計劃夭折也就不可避免，而印出的《無題集》也僅僅是初版就再無再版的機會。直到 1989 年 10 月，在趙家璧的推薦和幫助下，湖南文藝出版社以《皇家飯店——現代女作家小說散文集》為名重印出版，與《無題集》相比，除了書名不同外，改動最大的是捨棄了每篇作品前面的作者照片和手迹的插頁，但每一篇增加了題圖。此外，趙清閣還特地為此書寫了《〈無題集〉重印後記》，對重印的緣由、以及這十二位作者的現狀以及重印的意義等都簡略說明。

周立波的土改小說《暴風驟雨》

長篇小説　暴風驟雨　周立波著　古元畫　各地東北書店發行

　　本書上卷內容是前年七月東北局動員一萬二千幹部組織工作隊，下鄉開闢群眾工作的情形。東北農村封建勢力的最初垮臺，與農民中間的新的人物出現的複雜曲折的過程，就是本書的主題。約計二十餘萬字，另有插圖多幅。

廣告載《東北日報》1948 年 4 月 16 日

暴風驟雨　周立波著　人民文學出版社 1952 年 4 月

　　本書是反映東北土地改革的。中共中央東北局於一九四六年七月，在中央的指示下，動員了一萬二千幹部，組織工作隊，下鄉土改。本書描繪了一個工作隊在北滿一個屯落裏領導農民，進行這暴風驟雨似的大鬥爭。這個鬥爭史曲折、複雜，而又激烈的。本書暴露了倒下來的地主階級的醜惡的本質，也描寫了翻身過來的農民階級的英雄的本色。

　　本書反映了東北農村的生活和習慣，也刻畫了在這個偉大鬥爭中，農村中各個階層的人物的各種各樣的性格。

廣告載《人民文學》1952 年第 5 期

　　1946 年冬，作家周立波到東北時，中共中央東北局正號召幹部下鄉，領導農民，進行土地改革。他要求下鄉，參加了松江省珠河縣元寶區（今黑龍江省尚志市元寶鎮）的土地改革工作，約六個月。在近半年的時間裏，作家天天跟農民和工農出身的幹部一塊兒生活和工作，與他們建立了親密的友誼，並從身上學到了各種各樣的活的語言。在工作中，他看到在激烈的社會

變革中農民的變化，他還利用空閒時間記錄下一幕幕驚天動地的鬥爭場景，為小說《暴風驟雨》積累了豐富生活素材。

　　1947 年 5 月，回到哈爾濱，他一面編《松江農民報》，一面回味自己親身經歷的轟轟烈烈的鬥爭的整個過程。為了「借著東北土地改革的生動豐富的材料，來表現我黨二十多年來領導人民反帝、反封建的雄偉而艱苦的鬥爭，和當代農民的苦樂與悲喜，以教育和鼓舞廣大的革命群眾」〔註1〕。開始寫作長篇小說《暴風驟雨》。初稿前後花了五十天，覺得材料不夠用，又到五常縣周家崗去參加「砍挖運動」，又用了五十餘天的時間補充、修改，1947 年 10 月完成上卷 18 萬字的初稿。小說部分章節首先在哈爾濱的《東北日報》問世，具體如下：1947 年 12 月 25 日～28 日，小說在《東北日報》選載 1～4 節。1948 年 1 月 15 日，以《抓地主》為題選載第十六節，1 月 24、25 日，以《歡天喜地》為題選載小說第 18 節上下部分。上卷由東北書店於 1948 年 4 月出版，署名周立波，古元為該書作了六頁插畫。東北書店還在《東北日報》上刊出了出版廣告（如上）。上卷完成後，周立波又先後深入到呼蘭長嶺區拉林和葦河等地村屯訪問。1948 年 7 月 13 日，周立波開始《暴風驟雨》下卷的寫作。在短短 46 天時間裏，完成了初稿，因為生病和參加思想論爭，二稿三稿過程較長，一直到年底才告完成，下卷沒有提前在報刊上發表，直接進入出版程序。1949 年 5 月，東北書店正式出版發行《暴風驟雨》下卷，古元又為下卷作了五幅插畫。

　　小說扉頁題辭引毛澤東的著名語言，可視作為小說取名的由來：「很短的時間內，將有幾萬萬農民從逐個中部、南部和北部各省起來，其勢如暴風驟雨，迅猛異常，無論什麼大的力量都將壓抑不住。」〔註2〕而整部小說從人物設計、內容安排、敘述結構，一直到語言風格，似乎完全是出於證實和解說毛澤東關於中國農民革命的論斷。〔註3〕作者在前頁上說：「……東北農村封建勢力的最初垮臺和農民中間的新的人物最初出現的複雜曲折的過程，就是本書的主題。」小說寫的是解放戰爭時期，東北某解放區元茂屯的農民在土改工作隊的幫助下，與地主和土匪進行鬥爭，最後終於完成了土地改革的故

〔註1〕周立波《〈暴風驟雨〉的寫作經過》，《中國青年報》1952 年 4 月 18 日。
〔註2〕毛澤東《湖南農民運動考察報告》，《毛澤東選集》第 1 卷，第 13 頁，人民出版社 1966 年版。
〔註3〕唐小兵《暴力的辯證法——重讀〈暴風驟雨〉》，《再解讀——大眾文藝與意識形態》（增訂版），第 114 頁，北京大學出版社 2007 年版。

事。作品分上下二卷。上卷寫的是從 1946 年黨中央發佈「五四指示」到 1947
年全國土地會議這段時間的農民運動；下卷寫《中國土地法大綱》頒佈後農
村土地革命的進一步深入。《暴風驟雨》再現了我黨在解放戰爭時期進行土改
鬥爭的宏偉畫卷，是我國新文學史上反映農民土地改革鬥爭最初期的一部作
品，也是周立波革命文學道路上的里程碑之作。

　　小說較成功地塑造了土改工作隊隊長蕭祥、貧苦農民趙玉林、郭全海、
地主韓老六等各種典型人物形象，「刻畫了在這個偉大鬥爭中，農村中各個階
層的人物的各種各樣的性格」。從一個側面反映了當時如暴風驟雨般的土地改
革運動，具有鮮明的時代特點和地方特色。小說的人物和情節都比較單純，
但反映土改鬥爭的規模比較大，過程比較完整。作品從工作組進村掀起土改
鬥爭寫起，除了寫鬥爭惡霸地主外，還寫了土改覆查，分土地，挖浮財，起
槍枝，打土匪，一直到最後掀起參軍熱潮。全文結構完整，脈絡清楚。它借
鑒了古典小說的做法，在章與章銜接處，常使用懸猜手法來吸引讀者，使作
品更具有可讀性。小說充滿了濃鬱的生活氣息，有許多真實生動的生活場景
和富於農民情趣的幽默活潑的生活細節，很好地表現了生活本身固有的豐富
性和生動性。作家既能潑墨揮灑地描繪時代的大波浪，更能精鏤細刻地描繪

這類場面和細節。作家嘗試用農民語言來寫小說，力爭口語化和方言化。作品中運用了東北農民的口語，詞彙豐富，生動活潑，有很強的表現力和濃厚的生活氣息以及鄉村色彩。因而使小說語言充滿了農民特有的幽默感，也體現了作者簡捷明快的語言風格。

　　但是，作品仍有一些瑕疵，如在結構上有些鬆散，反映的事件不夠集中精鍊，有些細節描寫顯得煩瑣，而有些重要鬥爭卻展開不夠充分。有些人物刻畫過於單純，有些類型化和臉譜化，這也在一定程度上使作品反映農村階級鬥爭顯得有些簡單化。但總的說來，《暴風驟雨》仍然不失爲一部成功的作品，在新文學史上佔有相當重要的地位。50 年代初，小說被譯成俄文介紹給蘇聯人民，俄文本的譯者是魯得曼和卡里諾科夫，由蘇聯外國文學出版局出版。並以它突出的藝術特色，在 1951 年獲得了斯大林文學獎金三等獎。

暴　風　驟　雨　　　　　　周立波著

　　本書是反映東北土地改革的。中共中央東北局於一九四六年七月，在中央的指示下，動員了一萬二千幹部，組織工作隊，下鄉土改。本書描寫了一個工作隊在北滿一個屯落裏領導農民，進行這個暴風驟雨似的大鬥爭。這個鬥爭是曲折、複雜、而又激烈的。本書暴露了倒了下來的地主階級的醜惡的本質，也描寫了翻身過來的農民階級的英雄的本色。

　　本書反映了東北農村的生活和習慣，也刻劃了在這個偉大鬥爭中，農村中各個階層的人物的各種各樣的性格。（定價27,800元）

　　小說上卷出版後，在文學界引起好評。1948 年 5 月 11 日，《生活報》發表了《推薦〈暴風驟雨〉》（署名芝）的文章，高度稱讚了該小說：「不僅動人的表現了那燃燒起來的復仇的火，也雄渾的表現了那火的偉大氣魄，把幾千年來阻隔中國進步的封建燒毀了。」「生活的眞實，場面的活潑，故事的緊湊，語言之精鍊，農村風土的生動描寫，人物形象之具有豐富的生命力，……有力的創作了他的典型的人物與典型的環境。」〔註4〕韓進在《我讀了〈暴風驟雨〉》中也稱讚了該小說：「我覺得《暴風驟雨》是目前報導農民土地鬥爭的優秀作品之一。用農民的語言，寫農民的生活，表達農民的感情，特別是表

_____

〔註4〕芝《推薦〈暴風驟雨〉》，《生活報》1948 年 5 月 11 日。

達農民的革命情緒，如此鮮明強烈，如此眞實，……這個作品……證明了：中國人民在獲得解放之後，就在文藝方面也可以很快創造出空前的成績來。」〔註5〕但他又指出了小說的四點不足：沒有突出地表現當時運動的特點；農民群眾的貧困生活與階級仇恨之間結合得還不夠；人物還不夠典型；未能多方表現豐富的農村生活。

爲了擴大小說的影響，1948年5月，東北文學工作委員會召開了討論《暴風驟雨》上卷的座談會。參加此次座談會的人員有周立波、宋之的、草明、趙則誠、金人、黃鑄夫、馬加、白刃、李一黎、舒群、周潔夫等。他們對這部作品上卷的總體印象是好的，人物塑造、素材的組織、語言的運用以及地域特色等方面取得了較高的成就。但是認爲缺點也不少，如思想性不夠、圖解政策、對「打人」和「對中農」的寫作、對個別人物結局的處理以及歷史的眞實等諸方面還有些欠缺。正如舒群所說：「總的說一句，這是一本好書，但是也有缺點：它能使人讀下去，不過讀後感人的力量不強，留下的印象不深。」〔註6〕由於小說中大量存在「土改工作隊參考書」式的語言，像一個經驗豐富的指導者對廣大讀者、幹部傳授土改工作經驗，告訴他們應當堅持什麼樣的原則，如何避免工作中的錯誤，出現了問題又應當如何解決等等。所以參加者在對小說藝術的得失上進行了探討的同時，又似乎是在談論一本土改工作隊指導手冊，幾乎所有的與會者，都從實用的角度提出了自己的意見，從情節安排到細節處理，都以能否起到良好的參考作用爲標準。如宋之的認爲小說對將來在空白地區開闢工作，提供了很多經驗，可以作爲其他地區的參考的。趙則誠認爲小說中的打人問題作爲經驗來介紹，拿到新地區去，值得考慮。

周立波也是一個喜歡不斷修改自己作品的作家。在他看來，「文章初稿要一氣呵成，但要緊的是要勤於修改。……寫長的也好，短的也好，都不容許忽視和輕視加工。文章要寫好，得改一遍二遍以至五六遍。文章不改，就送出去，只圖發表，這是對黨，對群眾，對讀者不負責任的態度，到頭也害了自己」。〔註7〕除了小說初稿到初版的不斷修改之外，《暴風驟雨》初版之後，利用再版的機會，作家也對小說進行了數次修改。具體如下：小說納入《中

〔註 5〕韓進《我讀了〈暴風驟雨〉》，《東北日報》1948 年 6 月 22 日。
〔註 6〕《〈暴風驟雨〉座談會記錄摘要》，《東北日報》1948 年 6 月 22 日。
〔註 7〕周立波《〈暴風驟雨〉是怎樣寫的？》，《東北日報》1948 年 5 月 29 日。

國人民文藝叢書》於 1949 年 10 月北京新華書店出版，作家來不及修改，爲了追求叢書形式的統一，古元的插圖被刪去。1951 年 3 月，人民出版社又出版了作家修訂本，增加了少許注釋。獲得斯大林文學獎金之後，與《太陽照在桑乾河上》和《白毛女》一起以「榮獲一九五一年斯大林獎金的三部作品」名義於 1952 年 4 月由人民文學出版社發行，是爲北京第一版，此版作家有過一些修訂。1956 年 8 月，人民文學出版社又印行了《暴風驟雨》第二版，插圖得以恢復，而且增加了大量注釋。文革結束之後，《暴風驟雨》也得到了重印的機會，在《重印後記》中作者說：「我只刪了幾句，並在全書文字上略有改動。」〔註8〕注釋繼續保留，無插圖，這是作者最後的修改本。

〔註 8〕周立波《重印後記》，《暴風驟雨》，人民文學出版社 1977 年版。

不設主編的叢書：《森林詩叢》

森林詩叢　森林社編輯　上海星群出版社出版

受難者的短曲　方敬著　　森林社編輯，上海星群出版社 1948 年 5 月版

作者描寫過不少中國最好的新抒情詩，這裡的詩都是他最近所寫的圓熟之至的作品，平凡得出奇的小花草，大大小小全是受難的中國人的心聲。

風景　　　　田地著　森林社編輯，上海星群出版社 1948 年 5 月版

他有一份幼小者的無忌的初心，在這薄薄的都市裏，無所顧忌也無所渲染地書寫著他的「風景」，雖僅是一些浮光掠影的浮世繪，但卻頗質樸可喜。

捧血者　　　辛勞著　森林社編輯，上海星群出版社 1948 年 5 月版

辛勞是一個嘔血寫詩又嘔血而死的詩人，本書是他傳揚一時的名作，有著眞誠的浪漫蒂克的熱情，曾使一切眞誠愛國者的靈魂爲之戰慄不已的。

火燒的城　　杭約赫著　森林社編輯，上海星群出版社 1948 年 5 月版

他的詩正如畢加索的畫，是多方面的，有各種不同的色彩與傳奇的組合，有的明白如話，有的晦澀艱深，但都能有交錯的思想的形象隱潛在脈葉裏，字字都經錘鍊。

交響集　　　陳敬容著　森林社編輯，上海星群出版社 1948 年 5 月版

作者的詩全是智慧的火花，透明澄澈的水紋，晶瑩耀目如露珠，更像幾何畫中的軌迹，一點一線就能引出一個宇宙的覺識，一丘一壑全能動人於衷。

渡運河　　　莫洛著　森林社編輯，上海星群出版社 1948 年 5 月版

本書是一個鬥士在運河周圍的戰鬥旅程中的感情記錄，對戰鬥的運河有一個光輝而全貌的抒寫，凝練、矜持中極高貴的浪漫情趣。

詩第一冊　　唐祈著　森林社編輯，上海星群出版社 1948 年 5 月版

　　他可能是中國最好的遊吟詩人，在游牧人回教徒中間，在鄉村與都會裏面，全能意態自如地抒唱出最能感人的抒情詩。他的詩，有如沙漠中的清泉會使人心醉。

　　英雄的草原　　　唐湜著　　　森林社編輯，上海星群出版社1948年5月版

　　這是首史詩型的長詩，一個虔誠的理想主義者的寓言。作者具有一份宏大的氣息，一份可驚的浪漫蒂克德力量，波瀾萬丈，使人迷暈又振奮。

　　　　　廣告載杭約赫《火燒的的城》上海星群出版社1948年5月初版封底

　　自《詩創造》1947年7月創刊以來，採用兼容並蓄的辦刊方針，大多數國統區的詩人在刊物上發表過詩作、評論，作者隊伍十分廣泛，但還是基本形成了兩大核心作者群。一是與臧克家交往較多或受其影響的青年詩人，主張革命現實主義與詩歌的大眾化。主要以林宏、勞辛、黎先耀、青勃、康定、蔣燧伯、沈明、田地、方平等。另一部詩人則通過曹辛之個人的關係而成為《詩創造》的作者，他們不同程度上受到西方現代派詩人的影響，在詩歌觀念與追求上不同於前一類詩人。主要以曹辛之、唐湜、唐祈、陳敬容、辛笛、袁可嘉、方敬等。〔註1〕儘管兩派有分歧，但由於林宏、康定等人沒在上海，臧客家又不親自參與《詩創造》的編輯工作，主持編輯事務的主要是曹辛之、唐湜等人，故編輯同人內部沒有較大分歧。但1948年春，林宏、康定、蔣燧伯從外地相繼來到上海，開始編輯參與《詩創造》的編輯工作。在選稿標準上，他們與曹辛之、唐湜、唐祈等人發生矛盾。「前者認為在殘酷的現實環境下，要多刊登戰鬥氣息濃厚與人民生活密切聯繫的作品，以激勵鬥志，不能讓脫離現實、晦澀玄虛的西方現代派詩充斥版面；後者則強調詩的藝術性，反對標語口號式空泛之作，主張要講究意境和色調，多作詩藝的探索」。由於臧克家支持林宏等人的意見，《詩創造》的編輯主導權發生更迭。

〔註 1〕錢理群《1948：天地玄黃》，第88～89頁，中華書局2008年版。

就在兩派分歧明顯加劇之際，曹辛之、陳敬容、唐湜就開始計劃出版一套詩叢。在《詩創造》（第 7 期，1948 年 1 月出版）編者在《詩人與書》中就披露了這一計劃：

> 陳敬容、唐湜、杭約赫、唐祈、田地諸詩人計劃出版一套詩叢，約十種左右沒，一部分稿子已付排中，約二月內可出版，由星群出版公司發行。

在 1948 年 2 月的《詩創造》上又刊出了《森林詩叢》的預告，首次公佈了這套詩叢的名稱、詩人姓名、出版冊數：

預售新書　森林詩叢

方敬：受難者的短曲　　田地：風景

辛勞：捧血者　　　　　杭約赫：（題未定，後確定爲《火燒的城》）

陳敬容：交響集　　　　莫洛：渡運河

唐祈：詩第一冊　　　　唐湜：英雄的草原

三月底出版・下月初發售特價預約　　上海星群出版社刊行

事實上，這套叢書的出版頗爲艱難。作爲親歷者的陳敬容在回憶她的《交響集》初版時曾談及這套叢書的出版過程：「《交響集》是一九四七年在上海與友人共同籌劃創辦詩刊《中國新詩》時期所編的一套《森林詩叢》當中的一冊。當時，星群出版社（出版《詩創造》的）和森林出版社（出版《中國新詩》時用的名稱）經費都極其困難，爲了節約紙張和印刷費用，只好讓整套叢書以袖珍本形式出現，並由友人帶到浙江交由一個極小的印刷廠承印，雖然總算做到了按時出書，但錯排和脫漏之處不少，……」〔註2〕這套詩叢比預計延遲了一個多月，五月份才問世。這是繼十二冊的《創造詩叢》後，上海星群出版公司推出的又一套詩叢。

這套詩叢也由曹辛之負責裝幀設計，有統一封面設計，36 開本，稱之爲袖珍小型本。但與《創造詩叢》相比，這是一套無主編的叢書，因此每本書前後的序跋沒有統一的規範，其次，詩叢全部改豎排版爲橫排版。就詩集的頁數看，也沒有統一的要求，但都比《創造詩叢》的篇幅要厚得多。具體如下：

> 方敬的《受難者的短曲》，收入詩作 23 首，共 53 頁，無序跋。

〔註 2〕陳敬容《〈陳敬容選集〉序》，《陳敬容選集》，成都：四川人民出版社 1983 年版。

田地的《風景》，收入詩作 12 首，共 80 頁，書前引綠原詩句：「我驕傲，生活像風景。」

辛勞的《捧血者》，長篇敘事詩，共 55 頁，前有序詩，詩後附束平的《給〈捧雪者〉的一封信》，還有詩人寫的後記。。

杭約赫的《火燒的城》，收入詩作 14 首，共 52 頁，無序跋。

陳敬容的《交響集》，收入 1946 年 2 月至 1947 年 11 月在重慶、上海所寫的詩作 57 首，共 87 頁，無序跋。

莫洛的《渡運河》，收入詩作 8 首，共 74 頁，無序跋。詩集最後一首《寫詩的意義》，有桌跋的意義。

唐祈的《詩第一冊》，收入詩作 38 首，共 64 頁，有後記。

唐湜的《英雄的草原》，長篇敘事詩，共 224 頁，前有獻詩，無序跋。

在《詩創造》（第 11 期）中，有對《森林詩叢》的介紹：「這裡的八位詩人，凡關心今日詩壇的讀者都不會陌生吧，這八冊詩集便是他們辛勤工作的成績：有抗戰期的戰鬥者的踉蹌的身影的映照，也有和平躍動的沉思者的交錯深情的抒說，有吐著理想光焰的歌吟者的光芒萬丈的幻象，也有踏在堅實的土地上的深沉的情思的交融。這是星群出版社繼《創造詩叢》後的又一大貢獻，也是今日中國詩壇的又一個豐收。」〔註 3〕

從所選入的八位詩人來看，除辛勞於 1945 年去世，之外，其餘七位詩人都在二三十歲的年齡，方敬最大，34 歲，田地最小，只有 21 歲。從這些詩人的詩作看，主要傾向於詩歌藝術本身，對新詩的現代化探索抱有虔誠和嚴肅的態度。正如唐湜在《嚴肅的星辰們》詩評中就把唐祈、莫洛、陳敬容和杭約赫等四人視爲「嚴肅的星辰們」。如陳敬容的《交響集》，全部作品反映了新舊時代在詩人內心中的搏鬥和交響。從《播種》、《鬥士·英雄──悼聞一多先生》、《渡河者》、《過程》、《從灰塵中望出去》、《無淚篇》等詩中，我們不時地感到更加悲壯的氣氛，以及新的生命力在詩人心中不斷地跳躍和升騰。其他如唐祈的《詩第一冊》寫出了一個遊吟詩人在多樣生活旅途上的自如的抒唱；莫洛的《渡運河》是一個鬥士在運河周圍的戰鬥旅程的感情記錄；方敬的《受難者的短曲》傳達出的受難的中國人的心聲；唐湜的《英雄的草原》抒發的一個理想主義者的寓言，等等。從他們的各種風格裏，可以「從各個角度感覺到這時代的歷時風雨怎樣表現爲特殊的深沉或凸出，悲劇性或

〔註 3〕編者《詩人與書》，《詩創造》第 11 期，1948 年 5 月。

戲劇性的光影，一些特殊的感情風格，甚至思想與精神風格，一些生命的躍進。」〔註4〕唐湜在1948年6月創刊的《中國新詩》的代序《我們呼喚》中說：「我們面對著的是一個嚴肅的時辰」、「一個嚴肅的考驗」、「一份嚴肅的工作」，「渴望能虔敬地擁抱眞實的生活，從自覺的沉思裏發出懇切的祈禱、呼喚並響應時代的聲音」，呼籲「必須以血肉似的感情抒說我們的思想的探索」，「首先要求在歷史的河流裏形成自己的人的風度，也即在藝術的創造裏形成詩的風格」，「進一步要求在個人光耀之上創造一片無我的光耀──一個眞實世界處處息息相通，心心相印……」。〔註5〕可以說，這八位詩人的詩歌都是在這個嚴肅的時代發出的嚴肅的聲音，他們對歷史生活本身都有一種嚴肅的氣度與反應，也都對人類的理想生活與藝術的完成有著堅執的追求，他們在更高的本質上表現出時代的精神風格。

曹辛之不但負責這套叢書的策劃、裝幀、出版外，還爲這八本詩集逐一寫了廣告（如上引），這些廣告文字簡短，語言精鍊，行文自如，而且具有

〔註4〕唐湜《嚴肅的星辰們》，《詩創造》第12期，1948年6月。
〔註5〕唐湜《我們呼喚》，《中國新詩》（創刊號）1948年6月。

深厚的文化內涵。不但對詩人詩作的評介確十分中肯，完全可作為詩集的評論，而且本身也可作為傳之後世的藝術品。如對《風景》、《受難者的短曲》、《捧血者》的介紹，這些文字幾乎沒有一點商業的推介，全是以詩人熱情、詩化的語言來精準評說這些詩集，文字精鍊，字字珠璣。他為《交響集》寫的廣告詞，就像一首散文詩，既有詩的激情，詩的意象，詩的敘述，但也有散文的舒緩，散文的跳躍，散文的揮灑自有。對於自己的詩集《火燒的城》，他寫的廣告文字沒有王婆賣瓜似地宣傳推銷，而是對自己詩作的特點如實進行了介紹，不誇大，為諱飾，在一種誠摯的語氣表達了自己的詩歌創作追求。王朝聞在論及曹辛之的裝幀藝術的特點時把他比作高明的「導遊」。他說：「高明的導遊詞有不同的原則，它掌握得住遊人的興趣，對景色特徵抓得住要領，言簡意賅，卻更能調動我的遊興，對我起著『領你去會見自己』的積極作用。」曹辛之寫的廣告詞也可作如是觀。

實際上，《森林詩叢》的策劃以及編輯、出版，宣告了《詩創造》兩大核心作家群的公開分離的開始。期間經過了從《森林詩叢》──森林社──森林出版社──《中國新詩》──中國新詩社的過程。當 1948 年 1 月提議編輯這套叢書時，名稱還未確定，但在 2 月確定以「森林」為名編輯詩叢時，刊行處是「星群出版社」。當 1948 年 5 月《森林詩叢》出版時，刊行處儘管還是「星群出版社」，但編輯者已署名為「森林社」。而當 1948 年 6 月《中國新詩》創刊時，創刊號版權頁上已公開注明：「編輯者：中國新詩社　刊行者：森林出版社」。可見，為了配合《中國新詩》而成立的「森林出版社」來自於《森林詩叢》的「森林社」，而《中國新詩》的編輯者「中國新詩社」也是自「森林社」而來。這可從人員組成上看出端倪，《森林詩叢》的八人除了已去世的辛勞外，陳敬容、唐湜、唐祈、杭約赫、方敬〔註6〕都成為《中國新詩》的編委會成員，而莫洛也是《中國新詩》作者，並多次得到唐湜的好評。所以，《森林詩叢》以及「森林社」的出現標誌著與「詩創造社」的分離的第一步，而《中國新詩》以及「中國新詩社」的出現則標誌著原《詩創造》兩大詩人群的公開分離。

〔註 6〕據王聖思在《辛笛與唐湜──懷念唐湜先生》（香港《文匯報》2006 年 8 月 15 日）一文中說，《中國新詩》初定編委六人：杭約赫、辛笛、陳敬容、唐祈、唐湜和方敬，後因方敬遠在重慶無法參與編輯工作而成為五人。

爲丁玲帶來國際聲譽的長篇小說

太陽照在桑乾河上　丁玲著

東北光華書店 1948 年 8 月初版；人民文學出版社 1952 年 4 月初版

作者在本書中以犀利深刻的筆觸，描繪了一九四六年中共中央發佈「五四指示」以後土地改革運動給華北農村帶來的急劇變化。這裡不僅表現了農村的階級關係和階級鬥爭的複雜性，並細緻地刻畫了黨的領導，群眾的覺醒，勞動人民的新的情感，新的品質。人物形象，生動顯明，躍然紙上。

廣告載《人民文學》1952 年第 5 期

1946 年 5 月 4 日，中共中央發出關於在解放區開展土地改革的指示。原計劃去東北而被迫滯留在張家口的丁玲要求參加中共晉察冀中央局組織的土改工作隊。7 月，丁玲和陳明先是到懷來南邊縣的辛莊觀摩，後轉到東巴里村正式投入土改工作。一兩個星期之後，轉到涿鹿縣的溫泉屯停留下來，在這裡搞了一個多月土改，完成了發動群眾、平分土地、支前參軍等一系列工作。9 月中旬，由於戰爭吃緊，丁玲很快離開了剛剛完成土改的溫泉屯。這一兩個月的土改工作經歷，使丁玲感受到了中國農村正在發生的巨大歷史變動。作爲親身見證、感受

這一歷史巨變的她決定把自己所經歷的這一段經歷寫成一部小說。丁玲後來曾談及她的創作動機的形成過程：「我忽然生長了一種感情，深深懷念起陝北

的農民們來了，……我才發現我是這樣的愛他們，同他們如此的難捨難離，……我想著他們一生一世所受的災難和壓迫，想著他們那樣不顧一切為了抗日所付出的代價，他們那樣愛著毛主席跟著共產黨走……最後我決定了，我要完成這工作，寫出他們來」。[註1] 到了 10 月，小說的構思基本完成。11 月初，丁玲在阜平縣紅土山村開始寫作。到 1947 年 9 月，寫完了前 54 章。為了充實自己的長篇創作，積累生活素材，丁玲再次參加土改，在獲鹿縣宋村主持土改工作，持續 4 個月。1948 年 5 月，《太陽照在桑乾河上》全部完成於華北聯合大學。6 月，作者對初稿進行了一些修改，並為小說寫了序《寫在前邊》。期間，經主編康濯要求，小說的《果園》一章發表在邊區青聯機關刊物《時代青年》第 4 卷 1 期（1947 年 5 月 15 日）上，這部小說首次在刊物上露面。

小說描寫桑乾河下游一個叫暖水屯的村子裏發生的土改故事。暖水屯的土改已經開展十幾天了，但群眾仍沒有充分發動起來，漢奸惡霸地主錢文貴暗中破壞，誣陷幹部和積極分子，企圖把水攪渾，轉移鬥爭方向。錢文貴陰險狡猾，土改前，他送兒子參軍，又找了村治安員作婿。為了分散土地財物，他和兒子假分家，自己名下只有十幾畝地。四處揚言自己最多只不過是個中農。全村人最恨的是他，可因為他是「抗屬」，誰也不敢帶頭鬥爭他。在鬥爭的關鍵時刻，縣委宣傳部長章品來到暖水屯。他帶領工作組和村幹部總結了前一階段鬥爭不力的教訓，充分發動群眾鬥爭了錢文貴。在歡慶勝利的時刻，全屯一百多名青壯年組成支前大軍奔赴前線、保衛勝利果實，支持解放戰爭。小說表現了農村的階級關係和階級鬥爭的複雜性，並細緻地刻畫了黨的領導，群眾的覺醒，勞動人民的新的情感，新的品質等。在

榮獲一九五一年斯大林獎金的三部作品

★

太陽照在桑乾河上　　丁　玲著

作者在本書中以犀利深刻的筆觸，描繪了一九四六年中共中央發佈「五四指示」以後土地改革運動給華北農村帶來的巨劇變化。這裏不僅表現了農村的階級關係和階級鬥爭的複雜性，並細緻地刻畫了黨的領導，群眾的覺醒，勞動人民的新的情感，新的品質，人物形象，生動鮮明，躍然紙上。（定價16,800元）

一

〔註 1〕丁玲《一點經驗》，《文藝學習》1955 年第 2 期。

廣闊的時代背景下，以藝術的力量描繪了中國農民在黨的領導下，對封建地主階級的勝利鬥爭，展現了農村歷史變革的壯麗圖畫。全書結構嚴謹完整，布局錯落有致，以細膩深入的心理描寫見長；在民族化、大眾化方面也頗為成功，是反映土改運動的最優秀的作品之一。

儘管小說的寫作順利，但其出版頗為曲折。早在丁玲完成前 54 章之後，她就把謄清稿送呈時任華北局宣傳部副部長周揚審閱，但卻得到了周揚的「批評」，周揚的「鑒定」使得小說的出版變得十分困難。在小說初稿全部完成後，丁玲決定走上層路線，不失時機地向毛澤東、周恩來介紹小說的主要內容，毛澤東答應讀小說原稿。後她又把小說交給艾思奇、胡喬木、蕭三等人審讀。1948 年 6 月底，由於丁玲要隨中國婦女代表團啓程赴匈牙利參加世界民主婦女第二次代表大會，胡喬木認為作為作家的丁玲應該該帶著書出去。這樣一來，小說的出版才出現了轉機。7 月中旬，蕭三、艾思奇的審稿後，經毛澤東同意，認為小說寫得好，個別地方只要修改一下可以出版。當胡喬木把這一消息用電報告知丁玲時，丁玲已經隨代表團達到大連。8 月，代表團抵達哈爾濱後。丁玲立即與哈爾濱的光華書店負責人見面，正式商定小說的出版事宜。由於有胡喬木等人對小說的意見，書店馬上接受了書稿，並火速排印，力爭搶在丁玲出國前印出。8 月底，小說精裝本 1500 冊問世，9 月出版平裝本 5000 冊，封面書名為《太陽照在桑乾河上》，扉頁及版權頁上的書名為《桑乾河上》。畫家張汀為之設計封面。此書出版後，很快「受到讀者的熱烈歡迎。有的人甚至讚揚它是一部『史詩似的作品』。後來，華北也出版這部書」。〔註2〕但文藝界對此書並未有很高的評價，丁玲 1948 年10 月 29 日的日記中有如下記錄：

> 《文藝戰線》編輯部召開《桑乾河上》座談會，到會者，劉芝明、周立波、嚴文井、舒群等。劉與舒均未讀完，李之華亦未讀完。記錄伍延秀，文戎。嚴文井認為是一部好作品，提一點意見，是反教條主義沒有強調。

據當年目睹東北解放區文學現狀的馬加先生回憶，此書出版後，在東北沒有什麼反映。在這次座談會上，周立波、嚴文井等人的發言，不是很贊成這部書，評價也不高。〔註3〕倒是《學識生活》上發表的《介紹〈桑乾河上〉》

〔註 2〕陳企霞《眞誠坦白的心靈》，《瞭望》1986 年 11 期。
〔註 3〕轉引自龔明德《新文學散箚》，第 287 頁，成都：天地出版社 1996 年版。

對小說評價比較中肯:「在人物對話的生動貼切與語彙的豐富方面,這本書趕不上柳青的《種穀記》,在氣勢磅礡有逼人感動的力量來說,比不上立波的《暴風驟雨》,其中各個階層對土改運動的反響、態度、鬥爭的辦法、內部的矛盾;其中各個人物之間的關係,矛盾和其發展;事件的複雜變化;一個村子裏複雜的問題;《桑乾河上》卻有它獨到的深刻發掘。」〔註4〕

對其高度評價是在獲得斯大林文學獎〔註5〕之後。1948年11月,丁玲帶著剛出版的小說出國,在莫斯科會見蘇聯作家協會主席法捷耶夫時,把從國內帶來的《李有才板話》、《暴風驟雨》、《白毛女》以及自己的小說共十幾本書介紹給他。法捷耶夫表示要把這些作品翻譯後介紹給蘇聯讀者。蘇聯女漢學家波茲德涅耶娃·柳芭很快把丁玲的小說翻譯成俄文,並分三次在《旗幟》雜誌上連載,幾乎在同時,莫斯科外國文學社出版了單行本,〔註6〕譯者為譯著寫了長篇序言,丁玲為該譯本寫了前言《作者的話》。蘇聯文學界就是依據此譯本將《太陽照在桑乾河上》列為1951年度斯大林獎金評選對象。1952年3月13日,蘇聯部長會議發表了關於以斯大林獎金授予1951年文學藝術方面卓越成績者的決定。中國文學作品榮獲獎金的有丁玲的小說《太陽照在桑乾河上》(二等獎),周立波的小說《暴風驟雨》(三等獎),賀敬之、丁毅的歌劇《白毛女》(二等獎)。獲得斯大林文學獎金二等獎讓不但讓丁玲獲得了國際聲譽,對於小說的評價也發生了轉變。人民文學出版社不但立即重版了小說(另外兩部也一併重印,並以「榮獲一九五一年斯大林獎金的三部作品」在《人民文學》1952年5期刊出了出版廣告,分別寫了廣告詞,上所錄即其中之一),作為《文藝報》主編、人民文學出版社社長馮雪峰不但專門與丁玲長談了一次,還撰寫並發表了長篇論文《〈太陽照在桑乾河上〉在我們文學發展上的意義》(《文藝報》1952年10期),給予這部小說很高的評價。茅盾於

〔註4〕黃文《介紹〈桑乾河上〉》,《學習生活》第1卷6期,1948年8月15日。

〔註5〕1939年12月,蘇聯人民委員會通過一項決議,決定設立斯大林獎金,以鼓勵科學技術的發明創造和促進文學藝術大展繁榮。從1941年起,每年評獎一次。該獎由有關方面的著名人士組成評獎委員會,對所提出的候選人參評成果進行評選,於十月革命節公開獲獎名單並頒發獎金。獎金分為三等:一等獎10萬盧布,二等獎5萬盧布,三等獎2.5萬盧布。斯大林文學獎同其他方面的獎項一樣,1953年斯大林逝世即隨之停止。

〔註6〕據統計,俄文版先後共印70萬冊,後又相繼被譯為、德、羅、捷、匈、波、朝、日、丹麥、巴西、法、意等十幾種文字。參見蔣源《「中國革命的女兒」》,《黨史縱橫》2002年第4期。

1953 年 9 月 25 日在中國文學工作者第二次代表大會上的報告《新的現實和新的任務》中，對丁玲的小說也有好評：「獲得斯大林獎金的小說《太陽照在桑乾河上》……深刻而生動地反映了偉大的土地改革和農村階級關係的變化，創造了新的農民的優美的形象。」〔註7〕

隨著 1957 年反右鬥爭的開始，《太陽照在桑乾河上》與作者又一起經歷了磨難和坎坷。由於丁玲以及馮雪峰等人被劃爲「右派」並成爲「反黨集團」等問題，對小說的肯定評價被全面推翻。此時期的評論認爲「作者是用一個剝削階級——資產階級的眼光來看土改」，「對中國農村、對中國農民，還存在著嚴重的資產階級、地主階級的觀點」，因此，它「沒有寫出農民的強烈的土地要求，它沒有寫出農民對地主階級的仇恨，沒有寫出一個比較成功的形象，沒有寫出土改鬥爭中黨的領導形象」。它「實際上已成爲一部描寫農民的落後、動搖和叛變爲主的小說」。〔註8〕直到 1979 年丁玲復出文壇之後，對小說的否定性評價才被推翻，重新恢復了 1957 年前一些實事求是的分析的結論。但在 80 年代後期「重寫文學史」影響下，對丁玲這部小說的主題、人物以及丁玲創作道路等方面又均超越了以往的肯定或否定評價。〔註9〕

在丁玲爲此書寫的序《寫在前邊》中宣稱：「如果將來有空，當再加以修整。」〔註10〕這句話幾乎預告小說此後將不停的修改。事實上，《太陽照在桑乾河上》也確實經歷了數次修改，初版前曾反覆做過重要修改，而初版後的修改次數也有五六次之多。1948 年 8 月東北光華書店初版之後，小說以《桑乾河上》爲名列入《中國人民文藝叢書》由天津新華書店於 1949 年 5 月出版，這一版除了書名變爲四個字外正文未作改動。1950 年 11 月，小說恢復原書名仍由新華書店作爲《中國人民文藝叢書》之一出版。這一版作者對作品中一些關涉土改政策的描述據其時的理解作了改寫，又對個別人物關係作了調整，文字上也作了校改和潤飾，是爲北京校訂本。1952 年 3 月，小說獲得斯大林文學獎金後，丁玲又在校訂本基礎上作了有限的挖版改動，交給人民文學出版社於同年 4 月首次印行。這一版可稱爲人文初印本。1952 年 10 月至1953 年 3 月，丁玲又大改一次，並於 1955 年 10 月人民文學出版社出版，是

<hr>

〔註 7〕茅盾《新的現實和新的任務》，《人民日報》1953 年 10 月 10 日。
〔註 8〕參見竹可羽《論〈太陽照在桑乾河上〉》，《人民文學》1957 年第 10 期；王燎熒《〈太陽照在桑乾河上〉究竟是什麼樣的作品》，《文學評論》1959 年第 1 期。
〔註 9〕於可訓《一部書的命運和闡釋的歷史》，《江漢論壇》2003 年 12 期。
〔註10〕丁玲《寫在前邊》，《太陽照在桑乾河上》，東北光華書店 1948 年 8 月版。

爲人文修改本。1979 年 12 月，人民文學出版社據人文修改本重印，變豎排爲橫排，抽去原來的序《寫在前邊》，補入新寫的序《重印前言》，正文文字未動。1983 年小說收入《丁玲文集》第一卷時，陳明對小說的一些誤筆、誤値作了訂正。1984 年 12 月，小說列入人民文學出版社的《中國現代長篇小說叢書》出版，又訂正了文集本的某些誤値，對《重印前言》末尾做了刪削，這一版爲小說的定本。

沈從文未竟的長篇小說《長河》

長河　沈從文著　上海開明書店 1948 年 8 月出版

　　作者在抗戰前，回去過一次湘西，寫了一本小說《邊城》，一本遊記《湘行散記》。抗戰發生後，又回去過一次，又寫了一本遊記《湘西》和這本小說《長河》。他用辰河流域一個小小的水碼頭作背景，熟悉的人事作題材，來寫這地方一些平凡的人物生活上的常與變，以及因此而生的哀與樂。忠忠實實地分析了痛苦的現實，但又特意加上了一點牧歌的諧趣，這了樣似乎取得人事上的調和。作者用了他莊嚴認真的態度，寫出他一腔沉痛的感慨。愛讀他的作品的必先睹為快。

廣告載復刊《中學生》第 205 期，1948 年 11 月

　　創作完《邊城》後，沈從文沉默了一段時期，其小說創作數量明顯下降，但他花了大量時間精力去寫作家作品的評論。由於文壇山頭林立，他的直言使得自己引火燒身，時時處於論爭的漩渦中。妻子就曾勸告他，放棄評論文章的寫作，回到小說的創作中來。「你不適宜於寫評論文章，想得細，但不周密，見到別人之短，卻看不到一己之病，說得多，做得少，所以你寫的短評雜論，就以我這不通之人看來，都覺得不妥之處太多。……不過我覺得你的長處，不在這方面，你放棄了你可以美麗動人小說的精力，把來支離破碎，寫這種一撅一撅不痛不癢譏世諷人的短文，未免太可惜。」[註1] 抗戰爆發後，沈從文隨北大、清華的教師撤離北平，輾轉武漢、長沙。

〔註 1〕沈從文、張兆和《從文家書》，第 92 頁，上海遠東出版 1996 年版。

　　1938 年 1 月，沈從文帶領著楊振聲、蕭乾等人從長沙回到湘西老家。這次回家他在大哥沈岳霖的新居「玄廬」住了近三個月，居鄉期間，沈從文多次協助接待安置經沅陵向後方轉移的文教單位和人士，還致力於湘西當地的團結工作。在與湘西各方面人士的接觸中，不但再次感受到了家鄉淳樸民風，底層人民的疾苦，也對湘西複雜的政局有了進一步瞭解。這引發了他創作一部反映這些矛盾和湘西社會變動的長篇小說《長河》的意圖。本年 4 月底，沈從文達到昆明，他一邊繼續進行教科書的編輯工作，一邊開始《長河》的寫作。在致妻子兆和的信中，他交代了此長篇的初步構想：「我用的是辰河地方作故事背景，寫橘園，以及附屬於橘園生活的村民，如何活；如何活不下去，如何變；如何變成另外一種人。預備寫六萬字。」〔註 2〕從 1938 年 8 月 7 日至 11 月 19 日止，《長河》邊寫邊刊於戴望舒主編的香港《星島日報・星座》上，署名沈從文，共刊載了 67 節。

　　原計劃的《長河》只是一個中篇小說，可是在沈從文寫作的過程中發現這個篇幅容納不了變動時代的歷史含量，於是就打算寫成多卷本的長篇。由於小說涉及湘西少數民族與國民黨當局的矛盾，在《星座》上刊載時就被刪

〔註 2〕《沈從文全集》第 18 卷，第 313 頁，北嶽文藝出版社 2002 年版。

節，以致前後不連貫。中間隔了一長段時間後，一直到一九四二年四月，沈從文動手補充修改《長河》第一卷，五月在給沈雲麓的信裏說，「《長河》已成十三萬字，不久可付印。……《長河》有三十萬字（「三十萬字」指的是預計全部完成後的字數），用呂家坪作背景。……最近在改《長河》，一連兩個禮拜，身心都如崩潰，但一想想，該作品將與一百萬或更多讀者對面，就不敢不謹慎其事了。」〔註 3〕到九月八日，又報告說，「上卷約十四萬字，不久或可出版。桂林明日社出。」〔註 4〕

儘管沈從文在修改時預計此書不久可出版，但是由於當局的無端阻撓，《長河》的出版可謂「命運多舛」。當桂林明日社正準備出版《長河》第一卷時，沒料到十四萬字書稿被扣，經重慶、桂林兩度審查，各有刪削，卻仍然不能出版。原因是，「從目下檢審制度的原則來衡量它時，作品的忠實，便不免多觸忌諱，轉容易成為無益之業了。因此作品最先在香港發表，即被刪節了一部分，致前後始終不一致。去年重寫分章發表時，又有部分篇章不能刊載。到預備在桂林印行送審時，且被檢查處認為思想不妥，全部扣留，幸得朋友為輾轉交涉，徑送重慶複審，重加刪節，方能發還付印。」〔註 5〕1943年 1 月 11 日，沈從文在給沈荃的信中對自己作品屢遭查扣表達了憤怒：「《長河》被假借名義扣送重慶，待向重慶交涉時，方知並未送去。重慶審查時去五十字，發到桂林，仍被刪去數千字。」〔註 6〕《長河》單行本難產，沈從文不得不抽取了部分章節，發表在國內的《文聚》、《創作月報》等刊物上。直到 1944 年下半年，《長河》作為「文聚叢書」之一種納入昆明文聚出版社出版，12 月初發表在國內，沈從文又對全文進行了校對，並對小說各章都擬出了篇名〔註 7〕，還對作品加了大量注釋。1945 年 1 月，土紙本《長河》首次問

〔註 3〕《沈從文全集》第 18 卷，第 402 頁，北嶽文藝出版社 2002 年版。

〔註 4〕《沈從文全集》第 18 卷，第 408 頁，北嶽文藝出版社 2002 年版。

〔註 5〕沈從文《〈長河〉題記》，《大公報·戰線》（重慶版），1943 年 4 月 21 日。

〔註 6〕《沈從文全集》第 18 卷，第 423 頁，北嶽文藝出版社 2002 年版。

〔註 7〕連載序號 1～4 部分在收入單行本時篇名為《人與地》；連載序號 5～10 部分經修改後收入單行本時篇名為《秋（動中有靜）》；連載序號 11～20 部分在收入單行本時篇名為《橘子園主人和一個老水手》；連載序號 21～30 部分在收入單行本時篇名為《呂家坪的人事》；連載序號 31～38 部分經修改收入單行本時篇名為《摘橘子》；連載序號 39～43 部分經修改收入單行本時篇名為《大幫船攏碼頭時》；連載序號 43～50 部分在收入單行本時篇名為《買橘子》；連載序號 51～56 部分在收入單行本時篇名為《一有事總不免麻煩》；連載序號 56～66 部分在收入單行本時篇名為《楓木坳》；連載序號 66～67 部分收入單

世。因此前屢遭刪節，出版時只剩十一萬字。第六章《大幫船攏碼頭》的中間，竟印了一行「（被中央宣傳部刪去一大段）」的字樣。《長河》三十二開本，卞之琳設計封面，書名紅字，由昆明崇文印書館印刷，金馬書店發行。1948年8月，《長河》作爲「沈從文著作集」之一種由開明書店出版單行本，上文的廣告就是葉聖陶爲開明書店出的《長河》所撰寫的宣傳文字。

長河

沈從文著

沈從文著作集

作者在抗戰前，周去過一次湘四，寫了一本小說「邊城」，一本遊記「湘行散記」。抗戰發生後，又周去過一次，又寫了一本遊記「湘西」和遭本小說「長河」。他用辰河流域一個小小的水碼頭作背景，熟習的人事作題材，來寫遭地方一些平凡人物生活上的常和變，以及因此而生的哀和樂。忠忠實實地分析了痛苦的現實，但又特意加上一點牧歌的諧趣，遭樣似乎取得了人事上的調和。作者用了他莊嚴認真的態度，寫出他一腔沈痛的感慨。愛讀他的作品的必將先睹爲快。

《長河》是沈從文繼《邊城》之後寫的關於湘西人物、風情的又一曲輓歌。作者在《題記》中對小說的主旨、風格等均有交代：「用辰河流域一個小小水碼頭作背景，就我所熟悉的事作題材，來寫這個地方一些平凡人物生活上的「常」與「變」，以及在兩相乘除中所有的苦樂，問題在分析現象，所以忠忠實實和問題接觸時，心中不免痛苦，唯恐作品與讀者對面，給讀者也只是一個痛苦印象，還特意加上點牧歌的諧趣，取得人事上的調和。」〔註8〕正是在「現代」的雷聲轟響中，帶著對變動中的歷史的悲哀，作家再次把目光瞄向自己熟悉的湘西鄉土，書寫一個不同於《邊城》的「現實」的湘西世界，試圖「把最近二十年來當地農民性格靈魂被時代大力壓扁扭曲失去了原有的素樸所表現的式樣，加以解剖與描繪。」〔註9〕

行本時篇名爲《巧而不巧》。
〔註8〕沈從文《〈長河〉題記》，《大公報·戰線》（重慶版），1943年4月21日。
〔註9〕沈從文《〈長河〉題記》，《大公報·戰線》（重慶版），1943年4月21日。

　　小說寫了這樣一個故事：上個世紀三十年代，湖南沅水流域上游有一條支流叫辰河，辰河的中部小口岸是呂家坪，呂家坪上住著當地商會的會長，還有駐紮著保安隊。河下游約四里一個小土坡叫「楓樹坳」，坳上有個滕姓祠堂。祠堂前後有十幾株老楓木樹，祠堂前老楓樹下，擺攤子坐坳的，是個弄船老水手。楓木坳對河蘿蔔溪有一大片橘子園，園主滕長順有兩個兒子三個女兒，小女兒夭夭最漂亮，外號「黑中俏」。那一年，橘子又豐收了，橘子樹上結滿了碩大的果子。

　　老水手從攤子前來往的過客那裡聽說「新生活」就要來臨，這種「新生活」在他看來似乎不是什麼好事情，於是他有了一點「杞憂」。他過河告訴長順，然而長順非常坦然並不以為意。呂家坪上的會長也從辰溪縣歸來的夥計那裡聽說「新生活」就要來了。其實，「新生活」並不會這麼快就來臨，但是，保安隊長來了。他在會長那裡收下了每年的保安費，同時還帶走了會長預先開好的收據。為了答謝各方人情，會長在長順處買下了一船橘子，長順家包括夭夭在內開始摘橘子，老水手滿滿也過來幫忙。保安隊長同樣看中了長順的橘子，但是他採取了訛詐的手段，飽經世事的長順沒有中計，隊長生氣了，幸好會長從中調停，才算平息。這一卷的最後寫的是社戲，橘子豐收了，為敬謝神靈，長順請來浦市戲班子來唱了幾天戲，人神同樂好不熱鬧，一切似乎還是和原來一樣。

　　1934 年，作者在《〈邊城〉題記》裏預告似地說：「我並不即此而止，還預備給他們一種對照的機會，將在另外一個作品裏，來提到二十年來的內戰，使一些首當其衝的農民，性格靈魂被大力所壓，失去了原來的樸質，勤儉，和平，正直的型範以後，成了一個什麼樣子的新東西。他們受橫征暴斂以及鴉片煙的毒害，變成了如何窮困與懶惰！我將把這個民族為歷史所帶向一個不可知的命運中前進時，一些小人物在變動中的憂患，與由於營養不足所產生的『活下去』以及『怎樣活下去』的觀念和欲望，來作樸素的敘述。我的讀者應是有理性，而這點理性便基於對中國社會變動有所關心，認識這個民族的過去偉大處與目前墮落處，各在那裡很寂寞的從事於民族復興大業的人。」從二十世紀初到三十年代這個時間，中國社會的巨大變動輻射到這偏僻之地，居住在湘西辰河兩岸的人的哀樂和悲歡，就和一個更大世界的變動聯繫在一起，不可能是封閉的時間和空間裏的哀樂和悲歡了。從《邊城》到《長河》，沈從文希望通過有延續性的鄉土畫卷的展現，為讀者展示一副近現

代社會變化與動蕩下的農村社會歷史場景。

遺憾地是，《長河》只寫出了第一卷，作者計劃一直寫到國民黨當局將數萬湘西武裝健兒送上抗日前線，而把自己嫡系部隊開進湘西成爲征服者爲止，但由於第一卷的出版如此困難，再加上沈從文在四十年代已開始受到左翼文學力量的批判。所以後三卷的寫作也就難以爲繼了。黃永玉在沈從文去世後曾經非常感慨地談到未寫完的《長河》：「寫《長河》的時候，從文表叔是四十歲上下年紀吧！爲什麼淺嘗輒止了呢？它該是《戰爭與和平》那麼厚的一部東西的啊！照湘西人本份的看法，這是一本最像湘西人的書，可惜太短。」「寫《長河》之後一定出了特別的事，令這位很能集中的人分了心，不能不說是一種損失。眞可惜。」〔註10〕

〔註10〕黃永玉《黃永玉散文》，第 28 頁，花城出版社 1998 年版。

朱自清主持編選《聞一多全集》

聞一多全集　朱自清　郭沫若　吳晗　葉聖陶　編

聞一多先生為民主運動貢獻了生命，他是一個鬥士。但是他又是一個詩人和學者。他說他始終沒有忘記除了我們的今天外，還有那二千年前的昨天，這角落外還有整個世界。他又說：「我的歷史課甚至伸到歷史以前，所以我又在研究以原始社會為對象的文化人類學。」

他的貢獻真個太多了。創作《死水》，研究唐詩以至《詩經》《楚辭》，一直追求到神話，又批評新詩；更動手將《九歌》編成現代的歌舞，象徵著我們青年農民的嚴肅的工作。他將古代與現代打成一片，成為一部「詩的史」，或一部「史的詩」。

這部全集由朱自清先生負責編輯。附有先生之年譜與事略及郭沫若朱自清兩先生的序。末附朱自清先生的編後記。

廣告載復刊《中學生》第 204 期，1948 年 10 月

1946 年 7 月 15 日，聞一多參加了李公樸的治喪活動。此次集會上，他做了生前最後一次演講；就在這天傍晚，回「聯大」宿舍途中，聞一多遭槍擊身亡。西南聯大遷返北平後不久，為紀念這位愛國獻身的志士，清華大學校長梅貽琦先生決定成立「整理聞一多先生遺著委員會」。學校聘請了七位教授作為委員，他們是：朱自清、雷海宗、潘光旦、吳晗、浦江清、許維遹、余冠英；指定朱自清為召集人。1947 年 1 月 30 日，朱自清主持召開了該委員會第一次會議。聞一多的家屬希望藉此機會能將他的全集先編輯出來，在當時情形下，出版聞一多先生的全集不但能讓他的精神永生，也是向反動當局的

一種示威，還是向全世界控訴中國反動當局殺害這樣一位有正義感的知名學者的抗議。所以，委員會成員都同意了。作為召集人，朱自清很快就先將聞一多已經出版過的著述擬出一個目錄來，請委員會同仁過目，希望能有所補充。這份「全集」篇目，很快在天津《大公報》和上海《文匯報》發表後，先後收到了一些讀者或聞一多學生的來信。這些信雖然不多，但提供的文章線索卻並不少，這就使得這部全集的篇目更加完善。從全集出版後〔註1〕的目錄看，全集按朱自清先生的意見分成了八個部分：甲集「神話與詩」；乙集「古典新義」；丙集「唐詩雜論」；丁集「詩與批評」；戊集「雜文」；己集「演講錄」；庚集「書信」；辛集「詩選與校箋」。全集除了以上的八個部分之外，正文之前還有《卷首》部分，卷首有郭沫若先生序和朱自清先生序以及季鎮淮先生所編寫的聞一多先生之《事略》和《年譜》，而在全集末尾還有吳晗先生寫的《跋》和朱自清先生寫的《編後記》。

　　在當時的環境下，整理一部《全集》自是一件十分費力的事。作為《全集》的主持者，朱自清為這一全集的出版費做出了巨大貢獻。包括人員的組

〔註 1〕按天津《大公報》和上海《文匯報》所公佈的目錄，全集最先確定分九部分：
　　　　一、神話與詩，二、古典注釋，三、語詩雜論，四、時事與宣傳，五、詩集，
　　　　六、風詩類挽，易林瓊枝，七、楚辭校補，八、語詩大系，九、現代詩抄。

織，稿子的抄錄及校對，出版書店的聯繫等事宜等，他都一一全程參與。在《聞一多全集·跋》中，吳晗這樣寫到：「為了這部書，他花費了一年的時間，搜集遺文，編綴校正，遺稿由昆（明）北運時，有一部分遭了水漬，請人逐頁揭開，請人抄寫。他擬定了目錄，選編了尺牘，發表了許多篇未刊的遺著。並且，在他領導之下，動員了中國文學系全體同人，分抄分校，分別整理這集子以外的許多著作。一句話，沒有佩弦先生的勞力和主持，這集子是不可能編集的。」〔註 2〕此外，他還不辭辛勞地為全集寫了《編後記》和《序》。在《編後記》中，朱自清滿懷深回憶了聞一多先生對手稿的態度，自己與聞一多先生的交往，對於全集稿件的整理、編輯，全集的擬目，全集的出版以及感謝了補充全集篇目的諸位先生，都一一做了交代。其中，他特別憶及自己去聞先生家看稿的一件事，可入《世說新語》：

> 去年春天有一天，因為文學史上一個問題要參考他的稿子，一清早去看他。那知他已經出去開會去了。我得了聞太太的允許，翻看他的稿子；越看越有意思，不知不覺間將他的大部分的手稿都翻了。聞太太去做她的事，由我一個人在屋裏翻了兩點多鐘。聞先生還沒有回，我滿意的向聞太太告辭。

寫完《編後記》後，朱自清經過很大的努力，又完成一篇數千字的《聞一多先生怎樣走著中國文學的道路》長文，作為全集的序。在這篇序中，朱自清首先對聞一多整個的生命過程作了這樣的介紹：「他是一個鬥士。但是他又是一個詩人和學者。這三重人格集合在他身上，因時期的不同而或隱或現。」文章最後，從本質意義上，他又落腳到了聞一多的貢獻上：

> 聞先生對於詩的貢獻真太多了！創作《死水》，研究唐詩以至《詩經》《楚辭》，一直追求到神話，又批評新詩，抄選新詩，在被難的前三個月，更動手將《九歌》編成現代的歌舞短劇，象徵著我們的青年的熱烈的戀愛與工作。這樣將古代跟現代打成一片，才能成為一部『詩的史』或一首『史的詩』。其實他自己的一生也就是具體而微的一篇『詩的史』或『史的詩』，可惜的是一篇未完成的『詩的史』或『史的詩』！這是我們不能甘心的！

作為文協的領導人，郭沫若不但積極支持出版《聞一多全集》，而且還親自參與了聞一多先生部分著作的編輯工作。他「用了兩個禮拜的工夫細細地

〔註 2〕吳晗《〈聞一多全集〉跋》，《聞一多全集》（4），上海開明書店 1948 年版。

校讀了兩遍，校補了一些謄錄上的錯誤和奪落，填寫了一些古代文字，更把全部的標點統一了。」此後，他又寫了《論聞一多做學問的態度》〔註3〕，對聞一多作了學術性評價和政治性評價。學術上，聞一多主要致力於對文化遺產的整理，特別是在治理古代文獻態度上，郭沫若認為他是「繼承了清代樸學大師們的考據方法，而益之以近代人的科學的緻密」。除了學術領域的貢獻之外，郭沫若還勾勒了聞一多在學術研究中的思想轉變，認為他「搞中文是為了『裏應外合』來完成『思想革命』，這就是他的治學的根本態度。」作者還特地舉了他的《莊子》和《人民詩人——屈原》兩篇文章來證明，聞一多先生「由莊子禮贊變為屈原頌揚，而他自己也就由絕端個人主義的玄學思想兌變出來，確切地獲得了人民意識。這人民意識的獲得也就保證了《新月》詩人的聞一多成為了人民詩人的聞一多。」所以，在郭沫若看來，聞一多的是繼屈原之後的第二位人民詩人。最後，他把矛頭對準了反動當局：

> 屈原由於他的死，把楚國人民反抗提高到了爆炸的邊遠；聞一多也由於他的死，把中國人民反抗的情緒提高到了爆炸的邊遠了。
> 替人民報仇者，人民亦必為之報仇；為革命催生者，革命亦必為之催生——催向永生的路上行進。

作為聞一多先生遺著委員會的成員吳晗也參與了全集編印的全過程，他則為全集寫了《跋》。文章開首，他就認為全集收入文字「說出了聞一多先生一生的思想歷程，他的嚴謹的治學精神，強烈的正義感，和對民主的篤信，對廣大人民的熱愛。」接著，他對為出版全集付出了辛勤勞動的朱自清先生、郭沫若先生、開明書店的諸位編輯、翦伯贊先生、沈衡山先生表達了感謝，正是這些先生的努力，使得全集的出版得以順利進行。

1947 年 9 月中旬，《聞一多全集》各卷陸續編校妥當，移送給了家屬。聞一多家屬已與開明書店簽好了出版合同，全集的稿件陸續寄往書店。1948 年8 月（遺憾的是，全集出版沒能趕上聞一多先生被害兩週年紀念），《聞一多全集》精裝四卷本問世，每部定價金元 15 元。葉聖陶還特意為全集撰寫了廣告（見上），在報刊雜誌上大肆宣傳，當年就連續再版兩次。但不得不承認，由於當時的條件艱苦，任務重，時間緊，人手少，儘管這部全集由諸多名家參

〔註3〕此文是應成都的《大學月刊》主編夏康農之約而作，發表於該刊第六卷第三四期合刊（1947 年 8 月 20 日），後由吳晗提議，此文作為《〈聞一多全集〉序》置全集之首。

與編輯，在匆促間編成的全集自然免不了一些局限，事實上是全集不全。直
到 1993 年，湖北人民出版社推出的新版《聞一多全集》〔註4〕（孫黨伯、袁
謇正編），這套 12 卷本的全集，篇幅增加了 2 倍以上，把迄今為止所能發現
的聞一多著作，包括手稿遺稿佚稿，甚至一些有價值的專題性資料彙編幾乎
都無遺漏地盡數收錄，這才真正稱得上全集。

〔註 4〕全集 12 卷，各卷內容提要如下：1.詩，2.文藝評論‧散文雜文，3.神話編‧詩
經編上，4.詩經編下，5.楚辭編‧樂府詩編，6～8.唐詩編(上、中、下)，9.莊
子編，10.文學史編‧周易編‧管子編‧璞堂雜業篇‧語言文字編，11.美術，
12.書信‧日記‧附錄。

語言學家的小品集《龍蟲並雕齋瑣語》

觀察叢書新書預告三　龍蟲並雕齋瑣語　王了一著

上海觀察社 1949 年 1 月初版

王了一是語言學者，但他對新文學的貢獻也很大，在新文學運動初期，他曾介紹過不少法國的文學名著到中國。這本《龍蟲並雕齋瑣語》是作者的唯一一部小品文，是作者在抗戰時期在西南聯大教書時寫的，所寫的都是一些生活瑣事，但卻寓意深邃，饒有風趣。當這些小品文陸續在昆明重慶發表時，曾得到無數讀者的稱讚，這是一本引人入勝、雅俗共賞的小品文集。全文已付排，下月底可以出版。

目錄（從 1、姓名～63.應付環境到改造自己，具體略）

廣告載《觀察》第 5 卷第 9 期，1948 年 10 月 23 日

1928 年，在法國留學的王力陷入了經濟困窘之中。為了補貼留學所需的費用，在李石岑、葉聖陶的介紹下，開始為書店館翻譯文學作品來緩解經濟上的壓力。在學習之餘，他很快翻譯了莫洛亞的《女王的水土》和小仲馬的《半上流社會》，葉聖陶讀了譯本後，在給王力的信中高度評價了譯本：「信達二字，鈞不敢言，雅之一字，實務遺憾」。〔註1〕信中還表示，寄來的譯本很快將出版，希望王力繼續為商務翻譯法國文學（後來譯本《女王的水土》於 1929 年商務印書館出版，《半上流社會》於 1930 年由開明書店出版）。在經濟上嘗到甜頭之後，王力翻譯文學的興趣大增，陸續又翻譯了喬治桑的《小芳黛》，左拉的《屠槌》（出版史改名為《小酒店》）、《娜娜》，以及其他法國

〔註1〕轉引自張谷、王輯國《王力傳》，第41頁，廣西教育出版社1992年版。

作家的作品《戀愛的婦人》、《買糖小女》、《討厭的社會》、《生意經》等二十多部。即使在回國任教清華大學之處，王力仍一邊翻譯文學作品，一邊教學。僅 1934 年這一年，商務印刷館接連出版了王力的翻譯作品十餘部，簡直是文學翻譯界的高產者了。由於花了太多的時間在翻譯上，讓時為清華大學中文系主任的朱自清頗為不滿，這使得王力痛下決心丟棄文學翻譯，轉而全心投入語言學的研究和教學中。自 1934 年之後，其文學翻譯完全停止，語言學研究成果不斷問世。

　　抗戰爆發後，清華大學、北京大學和南開大學組成西南聯大，王力轉任西南聯大教授。四十年代的大後方，普通的工薪人員生活困難。遷往內地的大學也時常得不到政府的按時供給，教師工資時時發不出來，加之物價飛漲、通貨膨脹，教師的薪水大大貶值。許多教師不得不在教學之餘，賺些外快，補貼家用。王力儘管是教授，工資比普通老師要高，但此時的他，家庭負擔重，除現有的三口人外，老家還有三個孩子需要他寄錢回去撫養，真可謂條件艱苦，生活清苦。對於他這樣的知識分子來說，除了能用筆寫寫文章外，無其

他生存技能。所以，為了開源，他一邊教書育人和從事語言學研究外，還要利用業餘時間寫點小文，賺點外快。從 1942 年開始，他在重慶的《星期評論》、《中央周刊》上開設小品文專欄《甕牖剩墨》。1943 年 5 月，又因一個偶然的機會，他得以接替費孝通先生在《生活導報》上開設一個隨筆專欄《龍蟲並雕齋瑣語》。因為是專欄，報刊需要定期出版，所以，他的散文也就源源不斷地問世。正是這一次的隨筆專欄寫作，使得「整個的導報都變了作風」，〔註2〕讀者樂意讀，不時還有報刊轉載，使得他的隨筆小品獲得了文壇的注意。所以，他的專欄生意也就源源不斷地來了。1944 年 5 月，他應《中央日報》增刊之請，為該刊開設《棕櫚軒詹言》。1944 年 9 月開始，他在《自由論壇》又

〔註2〕王了一《生活導報與我》（代序），《龍蟲並雕齋瑣語》，上海新觀察社 1949 年版。

以《龍蟲並雕齋瑣語》為題開闢隨筆專欄。1945 年 10 月，他又在《獨立周報》開闢了《清囈集》小品文專欄。昆明時期的王力，他的專欄生意可謂紅火。隨著抗日戰爭的勝利，西南聯大奉命結束。1946 年 6 月，王力赴中山大學講學，後留在中大任文學院院長，由於有行政、教學和科研等各種事物，他抽不出時間來繼續小品文的寫作，小品文創作的高潮到此結束。

從王力的四十年代小品創作過程看，他最初寫作的初衷確實是以文換錢，改善全家人物質生活。「我開始寫小品的時候，完全是為了幾文稿費，在這文章不值錢的時代（依物價三百倍計算，我們的稿費應該是每千字一千五百元），只有多產才不吃虧。」〔註3〕「老實說，我之所以寫『小品文』，完全是為了自己，並非為了讀者們的利益」。但作為一名大學教授，處在抗日戰爭的大後方，時時還要擔心空襲所帶來的生命危險，遭受著物質生活的貧乏、顛沛流離的苦衷，而後方社會上又時時有種種不平之事發生。知識分子所具有的對國家、社會的正義感和責任心自然而然地流入筆端，他要在文中對種種人和事有所表現和抒發。而這些報刊開設的專欄，正是他一個「發牢騷」的地方。所以，他說：「感謝《生活導報》給了我一個發牢騷的地方，以後恐怕不免還要再發幾次牢騷。」〔註4〕從另一個角度看，正如他的專欄取名曰「龍蟲並雕齋瑣語」，「雕龍」指他的語言學研究，而雕蟲則是在研究之餘寫寫小品。「雕起龍來，姑勿論其類蛇不類蛇，總是差不多與世絕緣的。有時一念紅塵，不免想要和一般讀者親近親近。因此，除了寫一兩本天書之外，不免寫幾句人話，如果說我們寫小品文不單為了賣錢，而還有別的目的的話，這另一目的就是換一換口味。這樣，就是不甘寂寞，是尼姑思凡，同時，也就是不專心耕耘那大可開墾的園地，到反跑到粥少僧多的文學界裏去爭取一杯羹了」。〔註5〕

作為王力來講，寫小品換錢是為了緩解家裏的經濟危機。當抗戰結束後，王力赴中山大學擔任文學院院長後，再無經濟困窘之虞，再加上工作十分繁忙，自然沒有心思去考慮結集出版。直到 1948 年，儲安平依託《觀察》周刊

〔註3〕王了一《生活導報與我》（代序），《龍蟲並雕齋瑣語》，上海新觀察社 1949 年版。

〔註4〕王了一《生活導報與我》（代序），《龍蟲並雕齋瑣語》，上海新觀察社 1949 年版。

〔註5〕王了一《生活導報與我》（代序），《龍蟲並雕齋瑣語》，上海新觀察社 1949 年版。

社策劃出版「觀察叢書」時，經費孝通的鼎立推薦，王力的小品文才得以結集列爲「觀察叢書」之十五。上引廣告當是主編儲安平爲此書所作的預告，儘管未能兌現預告中的「下月底出版」的諾言，但終於在 1949 年年初問世。從 1945 年結束小品文的創作到結集成書，經歷的時間可謂漫長。書名以在《生活導報》時期上開設的專欄「龍蟲並雕齋瑣語」爲題，全書按不同的專欄分爲五個部分：甕牖剩墨（12 篇）；龍蟲並雕齋瑣語（《生活導報》時期，19 篇）；棕櫚軒詹言（17 篇）；龍蟲並雕齋瑣話（《自由論壇》時期，11 篇）；清囈集（4 篇），共計 63 篇。書前有一篇寫於 1943 年 11 月 13 日的《生活導報和我》一文作爲代序。

在《龍蟲並雕齋瑣語》中，涉及的題材範圍比較大，可謂無所不包。如《書呆子》、《領薪水》、《寫文章》、《看戲》、《開會》、《寄信》、《苦盡甘來》、《五強和五霸》等篇，從篇名就可知道，主要以談普通人遇見的日常生活瑣事爲主，但作者在談瑣事的同時，卻有所思考，以小見大，是他所歷所閱所思的藝術結晶。如《領薪水》中寫出了一些公教人員（包括自己在內）在戰時的艱苦日子裏薪水的微薄，他們盼望薪水的神態以及領回薪水之後的無奈。但是，文章最後卻宕開一筆，對國統區的社會黑暗面作了眞實而深刻的描繪，對戰時腐敗的政治統治有所揭露和指斥。作者在《生活導報與我》中說得非常清楚：「世間盡有描紅式的標語和雙簧式口號，也盡有血淚寫成的軟性文章，瀟湘館的鸚鵡雖會唱兩句葬花詩，畢竟他的傷心是假的；倒反是『滿紙荒唐言』的文章，如果遇著了明眼人，還可以看出『一把辛酸淚』來！」〔註 6〕在他看來，他的作品表面上有給人輕鬆的錯覺，實際上文中包含了自己是非分明的愛憎。縱觀他四十年代的小品文，應該說，作者在看似玩世、輕鬆、幽默、含蓄的筆調中，其實隱晦曲折地包含了自己心中的憤世，體現出一名知識分子的社會正義感和責任心！但需要指出的是，儘管作者在一些文章中對社會現實、政府當局有所揭露、暗諷，是《龍蟲並雕齋瑣語》的主流，卻也有不少篇章如《姓名》、《勸菜》、《辣椒》、《騎馬》、《虱》、《小氣》、《西餐》等篇，與當時嚴峻的政治形勢格格不入。難怪聞一多批評他，認爲他「不該寫那些低級趣味的文章，消磨中國人民的鬥志」。〔註7〕

〔註 6〕王了一《生活導報與我》（代序），《龍蟲並雕齋瑣語》，上海新觀察社 1949 年版。

〔註 7〕王了一《我所知道的聞一多先生的幾件事》，《聞一多紀念文集》，生活·讀書·

　　王力的小品文最顯著的特徵是中西古今融於一爐，體現出作家廣博的知識情趣。如在《窮》一文中曾回憶自己處於貧苦的時期的情狀，大秀其古文功底。在《西餐》一文中，又玄其自己的域外知識。這些文字，如果不加以詳細的注釋，對於普通讀者是很難理解的（作者後來意識到了這個問題，從《龍蟲並雕齋瑣語》第二版開始，大量注釋，共計 550 餘條）。對於這一點，作者自己也不無得意地坦白承認：「有時候，好像是洋裝書給我一點兒煙土披里純，我也歐化幾句；有時候，又好像是線裝書喚起我少年時代的《幼學瓊林》和《龍文鞭影》的回憶，我也就來幾句四六，掉一掉書袋。」〔註8〕在筆者看來，儘管在三四十年代有《論語》派的幽默小品文，也周作人的閒適小品文，京派的抒情小品文等多種風致，但王了一四十年代的小品文則從知識分子的立場出發，從身邊瑣事談起，對現實、當局有所針砭，在中西、古今上交融相通，突出了小品的知識性特色，是學者化的知性小品。

龍蟲並雕齋瑣語

王了一著

觀察叢書新書預告二

〔註 8〕王了一《生活導報與我》（代序），《龍蟲並雕齋瑣語》，上海新觀察社 1949 年版。

新知 1980 年版。

　　作家柯靈對四十年代學者散文的語言特色作了比較：「錢鍾書和王、梁都
學貫古今，博通中西，而文字雅馴，合乎中國民族傳統，不見『五四』以來
泛濫成災的西化影響，不過王梁是文白交融，流轉圓熟，而錢作則是精純透
明，富有表現力的白話，三者都顯示白話文的成熟程度。」〔註9〕作爲語言學
家的王了一，本身對語言具有精深地研究。在從事小品文創作的時候，無不
處處體現自己對語言運用的專業素養，他的小品文語言呈現出雅馴融合、幽
默含蓄的特點。如《姓名》、《書呆子》、《辣椒》、《簡稱》、《迴避和兜圈子》、
《著名》、《說話》等篇，作者對個別字詞的源流、含義以及運用等的解釋說
明，本身就可以作爲語言學論文看待。

　　作者在海外生活了五年時間，在歐風美雨中浸染日深。在他的散文中也
不時顯露出自己域外的知識，實現了中西融合。在《辣椒》一文中，他從中
國的辣椒談到西方咖啡，又從辣椒的功用談及西方的胡椒。

> 　　從前有些荷蘭人和葡萄牙人知道胡椒是好東西，就視爲秘種，
> 在南洋偷著種，把他磨成粉末，帶到歐洲賣大價錢。至今法國還有
> 一句俗語，形容物價太高就說「像胡椒一樣貴」！後來到了十八世
> 紀有個法國人名叫丕耶爾·浦華佛爾的，他想法子得到了些胡椒種
> 子，才把它公開了。所以，法國人就把胡椒叫做「浦華佛爾」。現在
> 西餐席上，胡椒和鹽瓶並列，西洋人認爲「不可一日無此君」，至於
> 辣椒呢？在西洋的菜場上雖偶然可以買到，但是歐洲人是不喜歡吃
> 的。

　　由於知識分子的立場，現實生活的磨難使作者鬱積在心理的許多話不得
不說。但鑒於刊載小品文的報刊大多是政府當局所辦，他不敢公然對抗。只
有在文中用些曲筆，來點插科打諢，以掩飾自己的眞實想法。所以，語言的
幽默含蓄也是其小品文語言的另一個特色。如在《寡與不均》中，針對大學
教授、海關職員、職業工會等紛紛要求加薪，文中他模擬一個國家銀行職員
來反駁教授們的加薪要求，揭示出社會還有更大的不平現象——軍政界要人
的財產更多。最後，他開了一個玩笑，說是要把國內二三十個胖子的拿來處
理，但他忽然一轉：

> 　　不過……不過誰來把這二三十個胖子開刀呢？假使叫老百姓自

〔註9〕柯靈《〈中國新文學大系·散文卷〉序》（1937～1939），上海文藝出版社 1990
　　　年版。

己來執行這件事，這是叫大家做黃巢，這個斷斷乎不可。假使叫政府來執行這件事，這是希望政府成為替天行道的梁山泊，也是不可能的。因為政府如果一向替天行道，王倫們早已身首異處，決不至於縱容他們成為胖子；等到縱容他們成為胖子之後，也就決不會再替天行道了。

作者在一種插科打諢、幽默的語言中迂迴曲折地對那些軍政要員聚集的巨大財產表示了不滿，對那些不勞而獲的人表示憤懣，揭露了當局社會的黑暗面。對政府不但坐視不管這些軍政大員的財產，反而沆瀣一氣的腐敗政治行為進行了尖銳的隱諷。

應該說，王力的小品文集《龍蟲並雕齋瑣語》的問世有些生不逢時。初版印數不大，流傳不廣。問世不久，就迎來了新中國的建立。因主編儲安平在 1957 年劃為「右派」打入另冊，其主編的觀察叢書也因此受到影響。《龍蟲並雕齋瑣語》自然不可能得到再版機會。倒是在香港 1973 年波文書局盜印過此書一次。直到文革結束後，《龍蟲並雕齋瑣語》才有了重印的機會。1982年 6 月，中國社會科學出版社再版此書，作者刪去了《老媽子》、《簡稱》、《標語》、《寄信》、《開會》五篇，並改動了幾處，還寫了《新序》，為了便於理解，編輯還對書中不少文字作了注釋。第一次就印行 31000 冊。1993 年 12 月，中國社會科學出版社又推出了修訂本，除恢復了曾刪掉的五篇之外，還設了「增補拾遺」部分，收錄了《文字的保守》等 15 篇，注釋仍保持。此外，還增加了責任編輯的一篇《後記》。初版和再版共印行了 15000 冊。2002 年 12 月，商務印書館又推出了《龍蟲並雕齋瑣語》，原有的 63 篇一概保留，注釋不變。「增補拾遺」部分只有 12 篇，刪掉了社科修訂本增補拾遺部分的 6 篇，又增加了《談談怎樣讀書》、《我的治學經驗》和《我所知道的聞一多先生的幾件事》三篇。

構建人民文藝的經典：
《中國人民文藝叢書》

這是解放區近年來文藝作品的選集

這是實踐了毛澤東文藝方向的結集

本叢書選編解放區歷年來，特別是一九四二延安文藝座談會以來各種優秀的與較好的文藝作品，給廣大讀者與一切關心新中國文藝前途的人們以閱讀和研究的方便。

戲劇二十四種

白毛女（賀敬之等）王秀鸞（傅鐸）李國瑞（杜烽）劉胡蘭（魏風等）紅旗歌（劉滄浪等）血淚仇（馬健翎）窮人恨（馬健翎）保衛和平（馬健翎）逼上梁山（平劇研究院）三大祝家莊（平劇研究院）赤葉河（阮章競）李闖王（阿英）把眼光放遠點（胡丹佛等）不要殺他（劉佳等）團結立功（魯易等）大家喜歡（馬健翎）改變舊作風（高介雲等）紅燈記（柳夷）過關（賈霽等）兄妹開荒（王大化等）王克勤班（周宗華等）貨郎擔（群眾秧歌隊）牛永貴掛彩（周而復等）

小說十六種

李有才板話（趙樹理）李家莊的變遷（趙樹理）桑乾河上（丁玲）高幹大（歐陽山）暴風驟雨上（周立波）原動力（草明）種穀記（柳青）洋鐵桶的故事（柯藍）呂梁英雄傳上下（馬烽西戎）地覆天翻記（王希堅）無敵三勇士（劉白羽等）晴天（王力等）地雷陣（邵子南等）一個女人翻身的故事（孔厥等）老趙下鄉（俞林等）雙紅旗（魯煤等）

通訊報告七種

諾爾曼・白求恩片斷（周而復等）光明照耀著瀋陽（劉白羽）英雄的十月（華山）英雄溝（鄭篤等）沒有弦的炸彈（丁奮等）解救（周元青等）飛兵在沂蒙山上（韓希梁等）

詩歌五種

王貴與李香香（李季）趕車傳（田間）圈套（阮章競）佃戶林（王希堅等）東方紅（詩選）

說書詞兩種

劉巧團圓（韓起祥）晉察冀的小姑娘（王尊三等）

出版者：新華書店　　　　　　　　　　發行者：新華書店

廣告載《人民文學》1949 年 10 月 25 日第 1 卷 1 期封底

1948 年初，國共實力發生了顯著變化。中國共產黨在國共內戰中逐漸取得了軍事、政治上的絕對優勢。爲了展示自《在延安文藝座談會上的講話》（下簡稱《講話》）發表以來解放區所取得的文藝實績，在全國範圍推廣解放區文藝，傳播新思想、新生活。1948 年春夏之交，在時任華北局宣傳部長周揚領導下，由柯仲評、陳湧（後又加入康濯、趙樹理、歐陽山等人）負責具體收集解放區歷年來，特別是 1942 年延安文藝座談會以來，各種優秀的文藝作品，包括戲劇、小說、通訊報告、詩歌、曲藝等各類文學體裁，選編一套《中國人民文藝叢書》。經過編輯們一年多時間的努力，在尊重原作的基礎上，一般只作文字上的修訂，內容基本保持原貌。自 1949 年 5 月，新華書店出版和發行了第一批圖書 52 種，編輯者署名爲「中國人民文藝叢書社」。爲了擴大影響，還在《人民日報》（1949 年 6 月 29 日）刊出了第一批書出版的消息：

中國人民文藝叢書已由新華書店出版

【平市訊】在文代大會即將開幕的時候，經過鄭重編選的「中國人民文藝叢書」，已由新華書店出版，第一批出版的計有：小說十五種（高幹大、原動力、李家莊的變遷、李有才板話、無敵三勇士、雙紅旗、桑乾河上、地雷陣、晴天、一個女人翻身的故事、地覆天翻記、老趙下鄉、呂梁英雄傳、種穀記、暴風驟雨），劇本十八種（三打祝家莊、不要殺他、赤葉河、王秀鸞、紅燈記、保衛和平、李國瑞、血淚仇、劉胡蘭、逼上梁山、窮人恨、團結立功、李闖王、改

變舊作風、大家喜歡、過關、把眼光放遠點、白毛女），詩歌五種（佃户林、王貴與李香香、趕車傳、東方紅、圈套），小型歌劇五種（兄妹開荒、王克勤班、寶山參軍、貨郎擔、牛永貴掛彩），說書詞兩種（劉巧團圓、晉察冀的小姑娘），通信報導七種（沒有信的炸彈、解救、英雄溝、英雄的十月、飛兵在沂蒙山上、光明照耀著瀋陽、諾爾曼、白求恩斷片）。這些作品都是解放區歷年來，特別是一九四二年延安文藝座談會以來各種優秀的與較好的文藝作品。作者包括文藝工作者及一部分工農兵群眾與一般幹部。

第一批出版後，新華書店又於當年 10 月、12 月增補了兩種《無敵民兵》和《紅旗歌》，總計當年該叢書共出 54 種。1950 年，該叢書又新增了十種（小說六種：《火光在前》、《我們的力量是無敵的》、《走向勝利的第一》、《在零下四十度》、《六十八天》、《永遠前進》；話劇兩種：《炮彈是怎樣造成的》、《戰鬥裏成長》，詩歌兩種：《趙巧兒》、《漳河水》），又再版了十四種（小說六種：《太陽照在桑乾河上》《原動力》《李家莊的變遷》、《李有才板話》《高幹大》《暴風驟雨》；戲劇五種：《赤葉河》、《團結立功》、《劉巧團圓》《白毛女》《三打祝家莊》；通訊報告一種：《英雄的十月》；詩歌一種：《趕車傳》；說書詞：《劉巧團圓》）。1950 年 3 月，人民文學出版社成立，《中國人民文藝叢書》納入該社重新出版。從 1951 年初至 1954 年底開始，人文版《中國人民文藝叢書》又重版了二十餘種。該套叢書中的《白毛女》、《太陽照在桑乾河上》和《暴風驟雨》還曾分別獲得 1951 年度斯大林文學獎金二等獎和三等獎。

據負責這套叢書的編輯陳湧回憶，早在解放戰爭初期，毛澤東就曾對周揚講要把解放區的文藝作品挑選一下，編成一套叢書，準備全國解放後拿到大城市出版。[註1] 當 1948 年國共實力發生逆轉，新中國已經勝利在望，編選一套供全國人民閱讀的文藝叢書勢在必行。作為該叢書的主持者，周揚自始至終對這一套叢書的選編工作十分重視，他不但審閱了全部書稿，還親自為叢書寫了《中國人民文藝叢書編輯例言》，對編輯該叢書的緣起、作品的時間起點、入選標準、編排分類等進行了說明。原文如下：

一　本叢書定名為「中國人民文藝叢書」，暫先編輯解放區歷年

〔註 1〕蕭玉《〈中國人民文藝叢書〉：開啟文學新紀元》，《石家莊日報‧周末廣場》2009 年 9 月 19 日。

來，特別是一九四二延安文藝座談會以來各種優秀的與較好的文藝
作品，給廣大讀者與一切關心新中國文藝前途的人們以閱讀和研究
的方便。

　　二　編輯標準，以每篇作品政治性與藝術性結合，內容與形式
統一的程度來決定，特別重視被廣大群眾歡迎並對他們起了重大教
育作用的作品。

　　三　作者包括文藝工作者及一部分工農兵群眾與一般幹部，作
品的體裁包括戲劇、通訊、小說、詩歌、說書詞及其他一切文藝創
作。

　　四　作品按體裁分編。同一體裁的短篇，大致按作品的主題和
它所表現的革命時期的先後，分別排列，有時也照顧到地方的特點。
同一作者同一體裁的作品達到一定數量時，則編成專集，長篇作品
均單獨印行。

　　五　本叢書以後擬繼續編選出版。

在周揚看來，《中國人民文藝叢書》是實踐了毛澤東文藝方向的結果，選入該叢書的作品，代表了解放區文藝工作者和工農兵群眾貫徹《講話》精神實踐文藝的工農兵方向所取得的成果，這些作品反映了解放區人民的生活和鬥爭，具有鮮明的時代精神、火熱的戰鬥氣息，在文藝的民族化、群眾化方面也取得了新的收穫。這是一套「立足於最為明確的編輯標準及其自覺的意識，期望清楚地表達出『新中國的文藝方向』及其『前途』的『延安文藝』叢書。」〔註2〕它出版就是試圖成為「新中國文學的樣板，顯示新時期人們對新中國文學的想像和規範」。〔註3〕稍後在 1949 年 7 月召開的新中國第一次文代會上，周揚作了題為《新的人民的文藝》的報告，他指出，「毛澤東的《在延安文藝座談會上的講話》規定了新中國的文藝的方向，解放區文藝工作者自覺地堅決地實踐了這個方向，並以自己的全部經驗證明了這個方向的完全正確，深信除此之外在沒有第二個方向了，如果有，那就是錯誤的方向。」〔註4〕在報告中，他把新文學的發展過程描述從五四文學到解放區文學到新中國文學的過程。他以新近出版的《中國人民文藝叢書》為例，分析了解放區文學的新的主題、新的人物、新的語言、新的形式等特點，指出民族的、階級的鬥爭與勞動生產成為了作品中壓倒一切的主題，工農兵群眾在作品中如在社會中一樣取得了真正的地位，而「新的人民的文藝」就是歌頌的文藝。而作為「新的人民的文藝」的經典作品需要及時地向全國推廣，當來自全國各地的代表們集聚北京參加第一次文代會，給他們這份「厚禮」——人手一套《中國人民文藝叢書》，足見周揚的良苦用心。

作為毛澤東文藝思想的主要闡釋者，周揚在主編《中國人民文藝叢書》時，堅持以毛澤東的文藝思想為指導。30 年代末到 40 年代初，毛澤東在馬克思主義經典作家的文學理論遺產和中國左翼文學運動的理論和實踐基礎上，形成毛澤東的文學思想體系。他從馬克思的經濟基礎決定上層建築的觀點出發，認為「中華民族的舊政治和舊經濟，乃是中華民族的舊文化的根據；而中華民族的新政治和新經濟，乃是中華民族的新文化的根據」。〔註5〕隨著新中國出現的新

〔註 2〕 王榮《當代中國文學及其敘事詩歌文體的確立——以 1949 年前後「中國人民文藝叢書」的編撰為例》，《中國現代文學》（韓國）第 17 期，2010 年 6 月。
〔註 3〕 溫儒敏、陳曉明等《現代文學新傳統及其當代闡釋》，第 83 頁，北京大學出版社 2010 年版。
〔註 4〕 周揚《新的人民的文藝》，《人民文學》第 1 卷 1 期，1949 年 10 月 25 日。
〔註 5〕 毛澤東《新民主主義論》，《毛澤東選集》第 656～657 頁，人民出版社 1966

的經濟基礎和新的政治制度,必然要建立、出現新的文化,新的文學藝術。而他對中國一系列文學問題的考察,主要都是對現實(政治)問題的回應。所以,注重文學的社會政治效用,是毛澤東的文學思想的核心問題。他不承認具有獨立品格和地位的文學的存在,認爲「在現在世界上,一切文化和文學藝術都是屬於一定的階級,屬於一定的政治路線。」現實政治是文學的目的,而文學則是政治力量爲實現其目標必須選擇的手段之一。所以,周揚在確定作品的入選標準時,確定以「政治性與藝術性結合,內容與形式統一的程度」來決定作品優劣,並且「特別重視被廣大群眾歡迎並對他們起了重大教育作用的作品」。具體到選擇作品時,堅持「政治標準第一,藝術標準第二」,力圖選出那些在解放區出現的「新鮮活潑的,爲中國老百姓所喜聞樂見的中國作風和中國氣派」的文藝作品,使之作爲新中國文學的典範。

從這套叢書的作者來看,既有專業作家,也有業餘作者,既有知識分子,也有工農兵以及一般幹部,作者身份的多元化是這套叢書的一大特色。從收入作品體裁上看,包括話劇、秧歌劇、新歌劇、新京劇,通訊、報告、詩歌、新歌謠、說書詞、板話、通俗小說等多種學樣式。自《講話》發表以後,根據地的廣大文藝工作者逐漸把目光轉向各種民間文藝,通過利用改造這些民間文藝來對廣大農民進行革命教育。如話劇領域,明確提出「話劇民族化」,就是把方向轉變到接受中國舊劇和民間遺產上來。如魯藝秧歌隊創作的《兄

年版。

妹開荒》，在這種民間秧歌小調中注入了「自力更生大生產」的時代內容，並以略具戲劇的形態，受到老百姓的熱烈歡迎。《白毛女》、《赤葉河》、《劉胡蘭》等新歌劇，也是在融會了西洋歌劇的形式，發揮了其善於抒情的特長，精心設計了一些膾炙人口的抒情唱段，同時又參照傳統戲曲的手法，適當安排劇中人物的道白，使劇情進展更加明快曉暢，也更適合農民群眾的欣賞，真正做到了「老百姓喜聞樂見」。馬健翎運用西北人民喜聞樂見的秦腔、眉戶等戲曲形式編寫的《血淚仇》、《窮人恨》等劇作深得老百姓喜愛。小說領域也借鑒了民間藝術形式，如趙樹理的《李有才板話》，利用民間快板藝術形式，使小說語言能琅琅上口，非常適合農民大眾，在語言的藝術性和通俗性的結合上，達到了很高的境界。柯藍的《洋鐵桶的故事》，馬烽、西戎的《呂梁英雄傳》化民間的通俗文學開創出「革命英雄傳奇」的小說新模式。詩歌領域則出現了詩歌歌謠化運動，如李季的《王貴與李香香》將民間歌謠、戲曲的「情人歷難而團圓」的模式加以改造，又移陝北民歌「信天遊」的格式，完成了民間抒情詩體向現代敘事詩的創造性轉化。這些新的體裁的出現就是貫徹講話精神的結果，極大豐富了新中國的人民文藝。

　　這套叢書的出現也標誌著一種新的寫作方式或文藝生產方式——集體創作得以正式確立。從選入該叢書的 60 餘部作品中，以集體創作方式產生的作品占一半以上。作為一種群體性文藝生產方式，早在三十年代末就已經出現。1942 年，毛澤東在《講話》中提出「文藝的工農兵方向」，就是要求文藝不僅要面向工農兵，文藝工作者和工農大眾的思想感情也應打成一片，部分工農兵群眾與一般幹部也可以直接參與文藝創作。到了 1944 年，延安文化界領導已把集體創作當做一種非常有效的寫作方式加以正式提倡。正如周揚所說：「文藝工作者表現新的、工農的人物，一個最麻煩的問題，就是常常自覺或不自覺地用小資產階級知識分子的語言感情去表現工農，要在藝術作品中完全擺脫『學生腔』、『洋八股』，並不是那麼容易的是，這除了要求文藝工作者深入群眾生活，向工農群眾直接學習以外，與工農幹部在藝術工作中合作，從這合作中向他們學習，是一個比較易行而又有效的方法。」〔註6〕正是利用集體創作，產生了向《白毛女》、《兄妹開荒》《牛永貴掛彩》等一大批優秀的文藝作品，而《中國人民文藝叢書》選入 30 餘部集體創作的文藝作品自然是

〔註 6〕周揚《關於政策與藝術——〈同志，你走錯了路〉序言》，《解放日報》1945
　　　年 6 月 22 日第四版。

視之爲一種理想的文藝狀態與文學生產的的手段加以提倡和推廣。

新語境下的新文學規範與總結

中央文化部新文學選集編輯委員會編輯

新 文 學 選 集

　　這裡所謂新文學，指「五四」以來，現實主義的文學作品而言。現實主義是「五四」以來新文學的主流，而其中又包括著批判的現實主義和革命的現實主義兩大類。新文學的歷史就是從批判的現實主義到革命的現實主義的發展過程。這套叢書依據這一歷史的發展過程，選輯了「五四」以來具有時代意義的作品；目的在使讀者以最經濟的時間和精力，對新文學的發展獲得基本的認識。現在第一二兩輯已經出版，其中包括二十四個作家的作品，這些作家的選集有為作家自選的，也有由本叢書委員會約請專人代選的，如已故諸作家及烈士的作品。每集都附有序文，又有作者照像，手迹等圖片。

第一輯

魯迅選集	印刷中	瞿秋白選集	印刷中	郁達夫選集	一六〇〇〇
聞一多選集	一三五〇〇〔註1〕	朱自清選集	一五〇〇〇	許地山選集	一二五〇〇
蔣光慈選集	二一〇〇〇	魯　彥選集	一六五〇〇	柔石選集	一四〇〇〇
胡也頻選集	一九五〇〇	洪靈菲選集	一二〇〇〇	殷夫選集	九五〇〇

第二輯

郭沫若選集	三九〇〇〇	茅　盾選集	印刷中	葉聖陶選集	二三〇〇〇
丁　玲選集	二四〇〇〇	田　漢選集	印刷中	巴　金選集	一七五〇〇
老　舍選集	一五〇〇〇	洪　深選集	一九〇〇〇	艾　青選集	一四〇〇〇

〔註1〕這裡的數字是指價格，而不是印數。

張天翼選集　　一七〇〇〇　　　曹　禺選集　　三〇〇〇〇　趙樹理選集　　一〇〇〇〇

開明書店出版・中國圖書發行公司發行

廣告載王瑤《中國新文學史稿》（上冊，1951 年 7 月版）封底

　　1949 年 7 月 2 日至 19 日，中華全國文學藝術工作者代表大會在北平召開，確立了「文學的新方向」，開始建立新的文學史秩序，構建新的社會主義文藝體系的序幕，而負責貫徹落實第一次文代會精神的任務自然由新成立的文化部來具體實施。1950 年，文化部藝術局組織編選了七種文藝叢書，分創作、介紹蘇聯文藝和整理民族文藝遺產等三部分，具體分別是《中國人民文藝叢書》、《蘇聯文藝叢書》、《新文學選集》、《中國古典文藝叢書》、《中國民間文藝叢書》、《文藝理論叢書》、《戲曲叢書》。而編選《新文學選集》則是承擔了總結「五四」以來新文學成就的具體措施之一。

　　該套選集最初為擔任國家出版總署署長的胡愈之提出，得到了時任文化部長茅盾、出版總署副署長葉聖陶和中宣部文藝處處長丁玲等積極支持，文化部迅速成立了「新文學選集編委會」，茅盾出任該選集的主編，親自主持編委會的工作，文化部藝術局編譯處承擔具體的編選任務，開明書店負責該選集的出版，新成立的公私合營的中國圖書發行公司承擔發行任務。編委會擬訂了該選集的《編輯凡例》，內容如下：

　　　　一、此所謂新文學，指「五四」以來，現實主義的文學作品而言。如果作一個歷史的分析，現實主義是「五四」以來新文學的主流，而其中又包括著批判的現實主義（也會被稱為現實主義）和革命的現實主義（也會被稱為新現實主義）這兩大類。新文學的歷史就是批判的現實主義和革命的現實主義的發展過程。一九四二年毛主席在延安文藝座談會的講話發表以後，革命的現實主義便有了一個新的更大的發展，並建立了自己完整的理論體系和最高指導原則。

　　　　二、現在這套叢書就打算依據這一歷史的發展過程，選輯「五四」以來具有時代意義的作品，以便青年讀者得以最經濟的時間和精力獲得新文學發展的初步的基本的知識。本來這樣的選集可以有兩種方式，一是按照作品時代先後成一總集，又一是個別作家各自成一選集：這兩個方式互有短長，現在所採取的，是後一方式。這裡還有兩個問題需要加以說明。第一，這套叢書既然打算依據中國

新文學的歷史發展的過程，選輯「五四」以來具有時代意義的作品，換言之，亦藉本叢書之助而使讀者能以比較經濟的時間和精力對於新文學的發展的過程獲得基本的初步的知識，因此，我們的選輯對象主要是在一九四二年以前已有重要作品出世的作家們。這一個範圍，當然不是絕對的，然而大體上是有這一個範圍；並且也在這一點上，和《人民文藝叢書》作了分工。第二，適合於上述範圍的作家與作品，當然也不止於本叢書現在的第一、二兩輯所包羅的，我們的企圖是，繼此以後，陸續再出第三、四……等輯，而使本叢書的代表性更近於全面。

三、本叢書一、二兩輯共包羅作家二十四人，各集有為作家本人自選的，也有本叢書編委會約請專人代選的，如已故諸作家及烈士的作品。每集都有序文，二十餘年來，文藝界的烈士也不止於本叢書所包羅的那幾位，但遺文搜集，常苦不全，所以現在就先選輯了這幾位，將來再當增補。

編委會把現實主義確立為新文學的主流，新文學的歷史就是批判的現實主義和革命的現實主義的發展過程，目的就是試圖把新文學的發展歷程與中國人民民主運動相聯繫，使之具有進步與革命的色彩。正如當時就有人指出，試圖通過這套選集，昭示出新文學的發展是「從舊現實主義到新現實主義，從舊民主主義到新民主主義的一條大道」。〔註2〕確立新文學歷史之後，也就確立了選集作品的基本標準。當然還需要確定誰選、選給誰、選擇的時間段等問題。選集主要有作家自選和他人代選兩類。作家自選「其實就是作家的自敘傳」，而他人代選

「往往體現選家對作家的不同理解，也為讀者塑造了不同的形象。」〔註3〕魯迅很重視選本質量的，他曾批評過那些破壞作者真相的選本，他說：「選本所

〔註2〕冷火《新文學光輝的道路——介紹開明書店出版的「新文學選集」》，《文匯報》1951年9月20日。

〔註3〕陳改玲《重建新文學史秩序》，第39頁，人民文學出版社2006年版。

顯示的，往往並非作者的特色，倒是選者的眼光。眼光愈銳利，見識愈深廣，選本固然愈準確，但可惜的是大抵眼光如豆，抹殺了作者眞相的居多，這才是一個『文人浩劫』。」〔註4〕新文學選集中，健在作家大多是自選（除《葉聖陶選集》是著者請人代選外），而已故作家只有請人代選。〔註5〕而從選集所面向的讀者看，編委會是以青年朋友爲主要的潛在對象。試圖通過這套選集使青年讀者藉以領會新文藝運動的發展歷程。從作品的時間範圍看，主要以1942年以前問世的作品爲主，這自然是爲了避免與當時新華書店出版的《中國人民文藝叢書》的內容相衝突。

作爲一套叢書，一般都有統一格式要求。新文學選集初版本爲大32開軟精裝本，健在作家的書名多由作家親手題寫，已故作家的書名均由時任中國文聯主席郭沫若題寫。扉頁和封底襯頁上正中分別印有魯迅和毛澤東側面頭像，意味著「以魯迅爲代表的『五四』新文學發展的最終方向就是走向1942年以後的文學上的『毛澤東時代』」，也昭示出全國文藝界的一種希望，就是「從魯迅爲代表的『五四』新文學那兒吸收營養，實踐毛澤東的文藝思想，這是新文學文學發展的必由之路。」〔註6〕正文前印有作者照片或畫像、手迹、編輯凡例和序（或代序），已故作家有的還有小傳，這些副文本要素營造了一種親切、形象的閱讀氛圍，引導讀者很快地走進作家，能從作家的人生道路和文學道路中得到啓迪。

在確立起編選的標準、時間範圍、圖書格式等之後，叢書的人選非常重要，這是關係到該叢書能否實現確立新文學權威、排列作家隊伍、形成新文學史的依據。從所確定的24位〔註7〕作家來看，魯迅、郭沫若、茅盾、瞿秋白、葉聖陶、郁達夫、朱自清、許地山、王魯彥、聞一多、洪深、田漢等人均在第一個十年登上文壇。剩下的作家，如茅盾、巴金、老舍、曹禺、丁玲、蔣光慈、柔石、胡也頻、殷夫、洪靈菲、艾青、張天翼等人，都在第二個十

〔註4〕魯迅《「題未定」草（六）》，《魯迅全集》第6卷，人民文學出版社2005年版。
〔註5〕具體如下：《魯迅選集》（許廣平編選），《蔣光慈選集》（黃藥眠編選），《聞一多選集》（李廣田編選），《柔石等選集》（魏金枝編選），《許地山選集》（楊剛編選），《朱自清選集》（李廣田編選），《郁達夫選集》（葉丁易編選）、《魯彥選集》（周立波編選），《胡也頻選集》（丁玲編選），《殷夫選集》（阿英編選），《洪靈菲選集》（孟超編選）。
〔註6〕陳改玲《重建新文學史秩序》，第24～25頁，人民文學出版社2006年版。
〔註7〕實際上，只出版了22人的選集，《瞿秋白選集》和《田漢選集》因種種原因未能出版。

年開始展露文壇。這些作家不但要取得高的文學成就，更要政治上進步，如24 位作家中有近 20 位三都是左翼作家，像柔石、胡也頻、殷夫、洪靈菲等人文學成就並不大，但因屬左翼作家也得以入選，而對新月派等自由主義作家則完全排斥在外。把趙樹理選入確實是個例外，體現了編委會的良苦用心。作為解放區代表作家的趙樹理，他的大部分創作主要還是在 1942 年以後，而且新華書店出版的《中國人民文藝叢書》已編入了他的《李有才板話》和《李家莊的變遷》，他入選「新文學選集」就「體現了茅盾等人在文學史觀上的努力態勢，旨在建立『五四』新文學與解放區文學的內在聯繫，對建國前後那種把『五四』新文學與解放區文學割裂開來的流行觀點予以糾偏。」〔註 8〕

〔註 8〕陳改玲《作為「紀程碑」的開明版「新文學全集」》，《中國現代文學研究叢刊》2005 年 6 期。

　　對於能被首批選入而得到出版選集機會的作家來說，這不但是一個巨大的榮譽，也是一次重塑自身形象的機會。在具體的編選過程中，作家（編者）主要在序言的寫作、篇目上的過濾以及文本上的修改三個方面進行。在這些序言中，健在作家在序言中回顧創作道路和評價舊作時，大都對舊作進行了不同程度的否定，並作了自覺檢討。對於已故作家，編選者所寫的序言則充分發揮了批評作用，指出作家作品思想上的不足。對於選集篇目的選擇，作家（編者）們則主要以作品的思想主題爲標準，突出作品的進步和革命的色彩，而作品的藝術成就和特色居於次要地位。無論是自選作品還是他選作品，作家（編者）對原有的作品文本進行了適當地修改，「修改，在某種意義上講，是今天質疑昨天，是昨天蛻變成今天。」〔註9〕這些修改本是作家（編者）完成作家自身形象的重要措施，也是新中國文學新秩序、新的文藝體系的內在要求。儘管現在看來，這些修改篡改了歷史的本來面目，也損害了作品的藝術完整性和多樣性，但對當時作家（編者）來講，這樣的修改不但是必要的，也是必須的。

　　從1951年7月，《新文學選集》各集陸續出版，一直到1952年4月爲止。叢書前後發行了兩種，初版本外（精裝本），還有乙種本（普及本），每一集的印數不同。原計劃要進行第三、四……等輯，但並未得以繼續。1952年，人民文學出版社開始推出的《現代作家選集》，儘管與新文學選集選入的人數有一些重複，但編選人數擴大，有45位現代作家入選，可看作是新文學選集的繼續。

〔註 9〕楊義《五十年代作家對舊作的修改》，《中國現代文學研究叢刊》2003 年 2 期。

後　記

　　這部書即將問世之際，有些話鬱積於心不吐不快。

　　2010 年 6 月博士畢業之際，我曾申請做華東師範大學中國語言文學系的博士後，無奈該校張著血盆大口，要價一萬八（即做兩年博士後，需要向該校交 1.8 萬學費）。對於學校這種無恥要求，儘管我已被批准入站，但還是毅然決定退站。

　　博後合作導師陳子善先生理解我的決定，仍一如既往對我關照有加。此時他正與錢理群先生合力撰寫《中國現代文學編年史——以文學廣告爲中心》，因我曾在新文學書刊廣告方面有所涉獵和積累，於是邀請我加入他們的課題組，讓我承擔現代文學第三個十年編年史的部分撰稿工作，這就是本書寫作的緣起。

　　2011 年初，我開始按課題組的寫作體例撰寫。最先寫出的就是本書四十年代中的部分篇目（只寫了十餘萬字，部分收入《中國現代文學編年史——以文學廣告爲中心 1937～1949》）。寫完這十萬餘字後，我就萌生了把新文學三十年寫完的想法。於是，我又開始寫三十年代、二十年代。2013 年底，終於完成新文學三個十年的預定計劃。

　　書稿完成之後，我曾聯繫過大陸幾家出版社，對方無一例外是張口要錢，而且數目巨大，萬般無奈之下只好束之高閣。這本小書能出版，首先要感謝李怡先生。2014 年 10 月，我把書稿電子版發給他，很快就得到了他的回復。正是因爲他的首肯，使之順利納入其主編的《民國文化與文學研究文叢》。

　　回頭看來，我從 2005 年開始涉足新文學廣告，對此領域的關注已整整十年。儘管期間我也做過新文學版本、新文學序跋、新文學叢書等的研究，但

搜集、整理及研究新文學廣告一直使我樂此不疲。儘管此書還只是一本偏重資料性的參考書，遠比不上那些有嚴密體系結構的論著。但通過此書的寫作，使我回到了新文學的歷史現場，讓我對新文學發展過程中的歷史、政治以及商業等諸多因素制約下的文學生產、傳播及接受有較為全面、清晰的認識。

錄 2012 年底自作的一首小詩以自勉：

刊海尋珠未覺苦，

數載閱文終成書。

訪師問惑路漫漫，

幸遇友朋道不孤。

這是一本寫給自己的書！

2015 年 7 月 22 日記於碧雲湖濱之紙味寨